Super M

Förderheft

3

Herausgegeben von
Ursula Manten

Erarbeitet von
Ursula Manten
Ariane Ranft
Gabi Viseneber

Illustrationen von
Eve Jacob
Martina Leykamm
Dorothee Mahnkopf

Addition und Subtraktion

Vervollständige die Tabellen. Schreibe eigene Tabellen.

① a)
+	15		
37		64	
48			77
59			93

b)
+		20	35	
		66		85
55			82	
				99

c)
+				

② a)
−	39		59
73		24	
	45		
95			26

b)
−	19	28	46
		64	
72			35
33			

c)
−			

Super-Päckchen. Erfinde ein eigenes.

③ a) 48 + 22 = ___
47 + 23 = ___
46 + 24 = ___
___ + ___ = ___
___ + ___ = ___

b) 39 + 32 = ___
49 + 33 = ___
59 + 34 = ___
___ + ___ = ___
___ + ___ = ___

c) 44 + 19 = ___
55 + 18 = ___
66 + 17 = ___
___ + ___ = ___
___ + ___ = ___

d) ___ + ___ = ___
___ + ___ = ___
___ + ___ = ___
___ + ___ = ___
___ + ___ = ___

④ a) 71 − 14 = ___
71 − 24 = ___
71 − 34 = ___
___ − ___ = ___
___ − ___ = ___

b) 65 − 56 = ___
74 − 47 = ___
83 − 38 = ___
___ − ___ = ___
___ − ___ = ___

c) 92 − 29 = ___
82 − 28 = ___
72 − 27 = ___
___ − ___ = ___
___ − ___ = ___

d) ___ − ___ = ___
___ − ___ = ___
___ − ___ = ___
___ − ___ = ___
___ − ___ = ___

⑤ Rechne und trage ein. Was fällt dir bei c) auf?

a)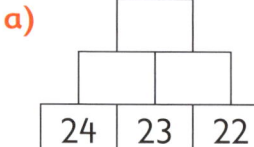

b)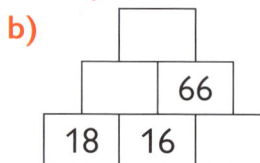

c)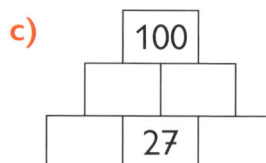

⑥ Was fällt dir auf? Erkläre.

a)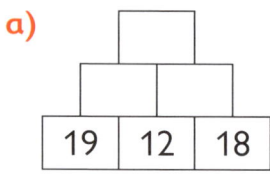

b)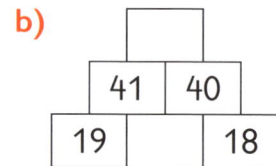

c)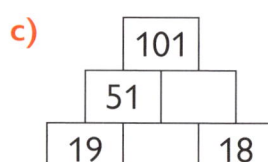

Der mittlere Basisstein wird immer um _____ größer.

Der Deckstein wird immer um _____ größer.

Einmaleins

① Finde die Einmaleins-Reihen. Färbe alle Felder der Reihe ein.

a) [Hundertertafel mit farbigen Feldern 14, 21]

Einmaleins zur ☐

b) [Hundertertafel mit farbigen Feldern 48, 72]

Einmaleins zur ☐

c) [Hundertertafel mit farbigen Feldern 36, 42]

Einmaleins zur ☐

② Vergleiche die Muster. Welche Einmaleinsaufgaben sind es?

a)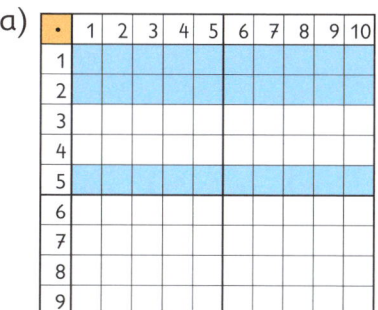

_____

b)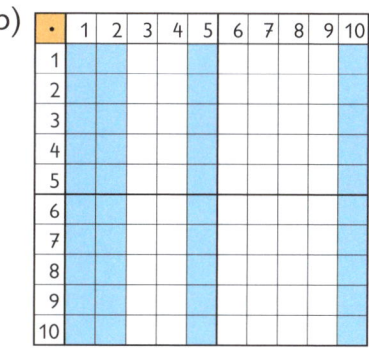

_____

c)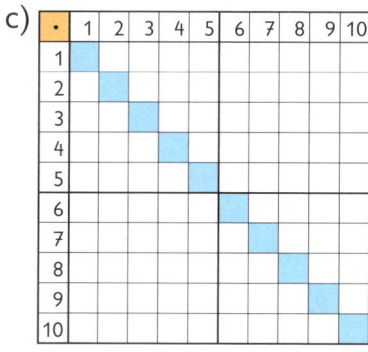

_____

③ Trage in die blauen Felder die Ergebniszahlen ein.

a) Was fällt dir auf?

_____

b) Gibt es in der Einmaleinstafel mehr gerade oder mehr ungerade Ergebniszahlen?

_____

c) Begründe deine Antwort aus b).

_____

3

Division

① Finde zu den Ergebnissen immer zwei oder mehr Divisionsaufgaben.

3   6   7   4   9   5   8   2

② Finde zu jedem Rest immer mindestens zwei Divisionsaufgaben.

Rest 2   Rest 3   Rest 4   Rest 5

1 7 : 5 = 3 R 2

③ a) Welche Zahlen haben beim Teilen durch 5 den Rest 3? Kreise sie rot ein.

b) Welche Zahlen haben beim Teilen durch 7 den Rest 5? Kreise sie blau ein.

c) Welche Zahlen haben beim Teilen durch 6 den Rest 4? Kreise sie gelb ein.

d) Wie viele Zahlen sind mehrfach eingekreist?

_____

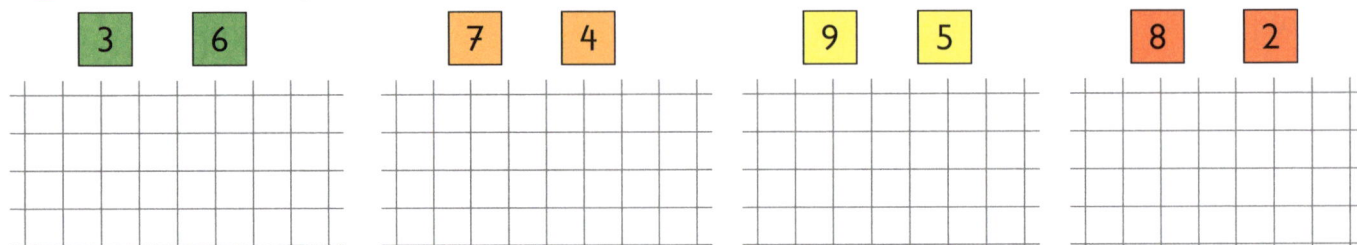

④ Schreibe Beispiele auf. Welche Reste können vorkommen
 a) beim Teilen durch 4?   b) beim Teilen durch 7?   c) beim Teilen durch 9?

Geometrie

① Zeichne auf Karopapier
- ein Quadrat,
- ein Dreieck, das genauso groß ist wie das Quadrat,
- ein Quadrat, das doppelt so groß ist wie das erste Quadrat,
- ein Rechteck, das doppelt so groß ist wie das erste Quadrat.

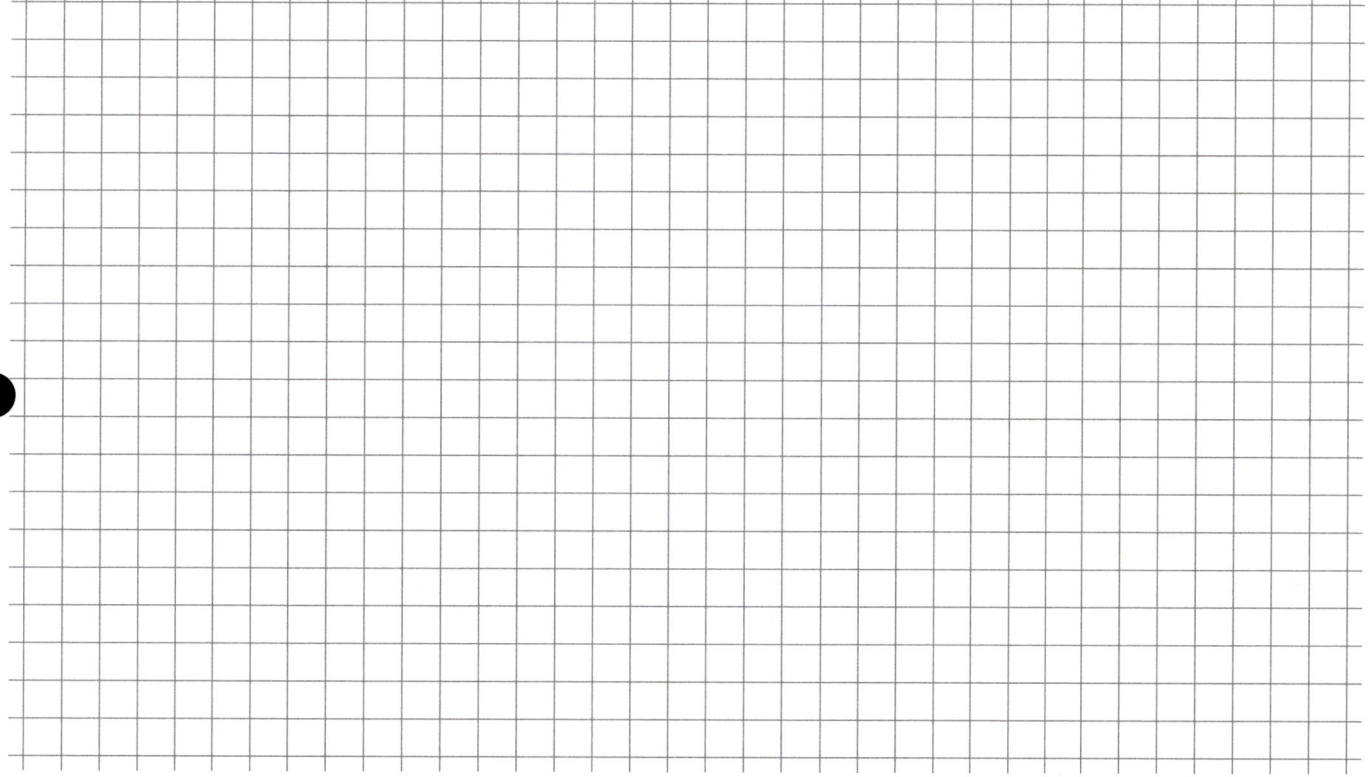

② Die Eckpunkte des blauen Quadrats liegen alle auf den Seiten des vorgegebenen Quadrats. Zeichne nach diesem Beispiel verschiedene Quadrate, deren Eckpunkte auf den Seiten des vorgegebenen Quadrats liegen.

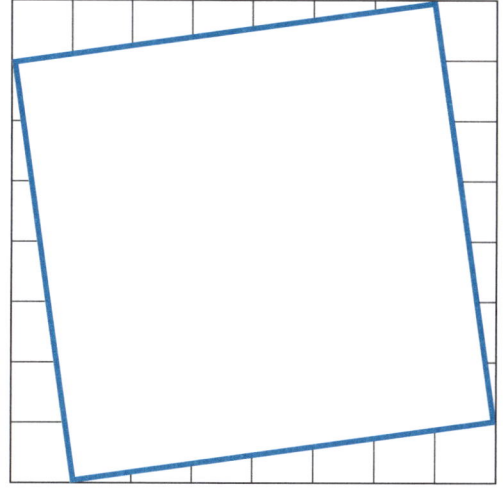

a) Beschreibe, wie du vorgehst.

b) Vergleiche die Größe der entstehenden Quadrate. Wo genau liegen die Eckpunkte des kleinsten Quadrates, das sich so konstruieren lässt?

c) Wie groß ist der Abstand zwischen zwei gegenüberliegenden Eckpunkten im kleinsten Quadrat?

Sachrechnen

① Max und Ali unterhalten sich über die
Eintrittspreise im Hallenbad.
Prüfe, ob ihre Aussagen stimmen. Begründe.

Öffnungszeiten	
Montag	6.45 bis 15.00 Uhr
Dienstag	6.45 bis 14.00 Uhr
Mittwoch	6.45 bis 21.00 Uhr
Donnerstag	6.45 bis 21.00 Uhr
Freitag	6.45 bis 21.00 Uhr
Samstag	9.00 bis 18.00 Uhr
Sonntag	9.00 bis 18.00 Uhr

Eintrittspreise

Erwachsene
Einzelkarte   4,00 €
Abendtarif   2,30 €
außer an Wochenenden und Feiertagen
10er-Karte   35,00 €
50er-Karte   135,00 €

Familien
Einzelkarte   9,00 €
Familien und eigene Kinder bis 16 Jahre
Familienhalbjahreskarte   170,00 €

Kinder
Kinder unter 6 Jahre frei
Kinder 6–16 Jahre, Schüler, Studenten
Einzelkarte   1,80 €
Abendtarif   1,30 €
außer an Wochenenden und Feiertagen
10er-Karte   16,50 €
50er-Karte   62,50 €

Ali meint:
a) Wenn ich meine vierjährige Schwester mitnehme, zahle ich genauso viel wie alleine.

b) Da ich jede Woche einmal ins Schwimmbad gehe, lohnt sich eine 50er-Karte.

c) Mit der 50er-Karte spare ich bei jedem Besuch 50 Cent.

Max meint:
d) Wenn mein Vater mit meiner großen Schwester und mir ins Schwimmbad geht, lohnt sich schon eine Familienkarte.

e) Der Abendtarif gilt nur an drei Tagen in der Woche.

f) Das Schwimmbad ist in der Woche mehr als 70 Stunden geöffnet.

② Beim Ausflug zum Badesee mietet die Klasse 3c Tretboote für die 25 Kinder, 3 Mütter und 2 Lehrerinnen. Jedes Tretboot kann mit bis zu vier Personen besetzt werden und kostet 10 Euro Mietgebühr für eine Stunde.

a) Wie viele Tretboote müssen gemietet werden?
b) Wie viel muss jeder ungefähr bezahlen?

Die Zahlen bis 1000

① Wie viele? Trage ein.

a)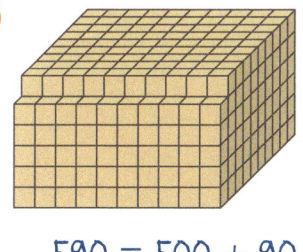
590 = 500 + 90

b)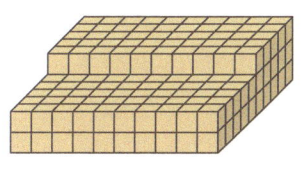
_____

c)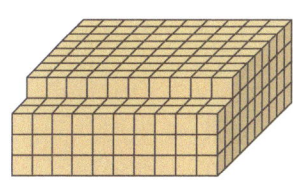
_____

d)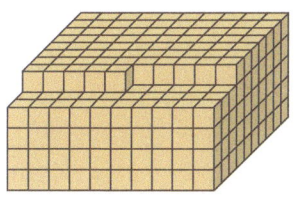
_____

e)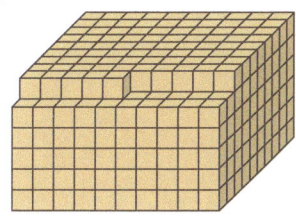
_____

f)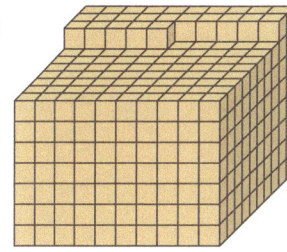
_____

g)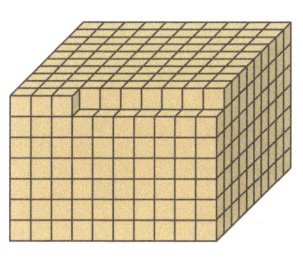
_____

h)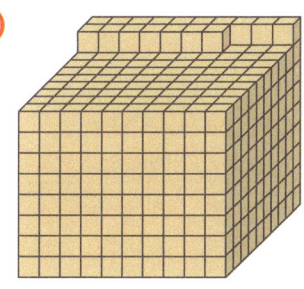
_____

i)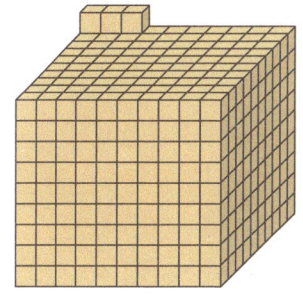
_____

② Wie viele Einerwürfel fehlen jeweils bis 1000? Ergänze die Anzahlen aus Aufgabe 1.

a) 590 + ____ = 1000   b) ____ + ____ = 1000   c) ____ + ____ = 1000

d) ____ + ____ = 1000   e) ____ + ____ = 1000   f) ____ + ____ = 1000

g) ____ + ____ = 1000   h) ____ + ____ = 1000   i) ____ + ____ = 1000

③ Zusammen 1000. Male passende Kästchen in derselben Farbe an.

249	376	791	533	644	467
624	751	912	834	356	507	88
816	166	209	493	184

Das Tausenderfeld

① Hunderterzahlen addieren und subtrahieren.

a) 240 + 500 = _____
450 + 300 = _____
620 + 200 = _____
580 + 400 = _____
870 + 100 = _____
330 + 600 = _____

b) 630 − 400 = _____
370 − 200 = _____
540 − 300 = _____
780 − 500 = _____
820 − 600 = _____
950 − 700 = _____

c) 727 + 200 = _____
545 + 400 = _____
336 + 600 = _____
854 + 100 = _____
663 + 300 = _____
449 + 500 = _____

② Zum nächsten Hunderter: auffüllen oder wegnehmen.

a) 280 + ____ = 300
370 + ____ = _____
460 + ____ = _____
550 + ____ = _____
640 + ____ = _____
730 + ____ = _____

b) 230 − ____ = 200
340 − ____ = _____
450 − ____ = _____
560 − ____ = _____
670 − ____ = _____
780 − ____ = _____

c) 323 − ____ = 300
234 − ____ = _____
545 − ____ = _____
456 − ____ = _____
767 − ____ = _____
678 − ____ = _____

③ Wo verändert sich etwas? Notiere.

a) 234 + 60 = _____
345 + 50 = _____
456 + 40 = _____
567 + 30 = _____
678 + 20 = _____
789 + 10 = _____

Nur in der _____stelle

b) 624 − 200 = _____
546 − 300 = _____
468 − 100 = _____
757 − 400 = _____
335 − 200 = _____
573 − 500 = _____

Nur in der _____stelle

c) 310 − 20 = 290
420 − 30 = _____
530 − 40 = _____
_____ − ____ = _____
_____ − ____ = _____
_____ − ____ = _____

In der _____stelle und in der

_____stelle

④ Wie geht es weiter?

a) | 125 | 225 | 325 | | | | |

b) | 20 | 40 | 80 | | | | |

c) | 960 | 480 | 240 | | | | |

d) | 999 | 888 | | | | | |

e) | 1000 | 925 | 850 | | | | |

f) Schreibe eine eigene Zahlenfolge.

| | | | | | | | |

8

Zahlen bis 1000 darstellen

1 Nele legt 9 Plättchen in die Hunderterspalte einer Stellentafel. Dann schiebt sie ein Plättchen nach rechts in die Zehnerspalte, dann noch eins und noch eins … bis alle Plättchen in der Zehnerspalte liegen. Die Einerspalte bleibt leer.

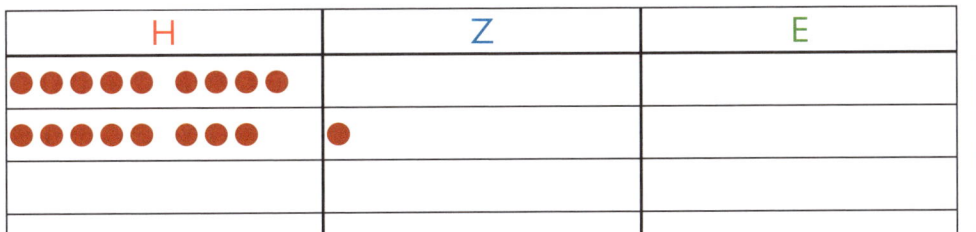

900 ist die größte Zahl, die ich legen kann.

a) Schreibe alle Zahlen auf, die dabei entstehen.

H	Z	E
●●●●● ●●●●		
●●●●● ●●●	●	

900
810
___
___
___
___
___
___
___

b) Wie groß ist die Differenz zwischen aufeinander folgenden Zahlen? Immer _____ .

---

2 Dann schiebt sie eines der neun Plättchen aus der Zehnerspalte nach rechts in die Einerspalte, dann noch eins … bis alle Plättchen in der Einerspalte liegen.

90
___
___
___
___
___
___
___
___

a) Schreibe alle Zahlen auf, die jetzt entstehen. Vergleiche mit den Zahlen aus Aufgabe **1**.

b) Wie groß ist die Differenz zwischen aufeinanderfolgenden Zahlen jetzt? Immer _____ .

c) Erkläre, warum das so sein muss.

_____
_____
_____

---

3 Lege und schreibe alle Zahlen, die Nele auch noch mit 9 Plättchen legen kann.

zwischen 450 und 540   zwischen 630 und 720   zwischen 810 und 900

zwischen ____ und ____   zwischen 540 und 630   zwischen ____ und ____

Was fällt dir auf? Begründe.

_____
_____

Zehn Hundertertafeln – eine Tausendertafel

① a) Notiere die Zahlen, die zu den gelben Feldern gehören, nach der Größe geordnet.

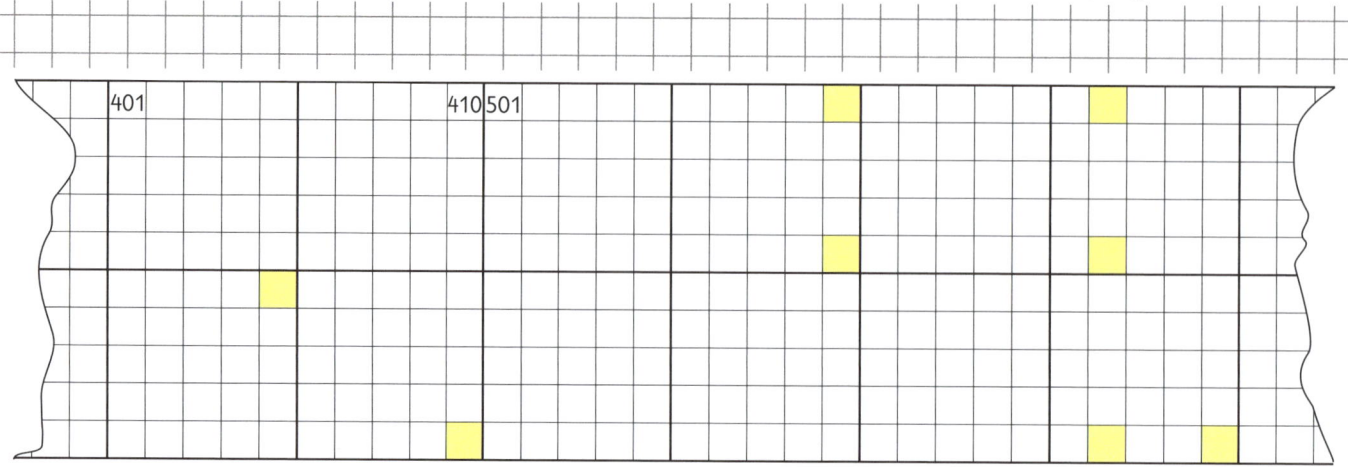

b) Zahlen, die in Hunderter- und Einerziffer übereinstimmen, werden als UHU-Zahlen bezeichnet, z.B.

H	Z	E
4	3	4

Schreibe alle UHU-Zahlen auf, die du im Ausschnitt der Tausendertafel findest. Male ihre Felder rot an. Was fällt dir auf?

② Fülle nur die gekennzeichneten Felder aus.

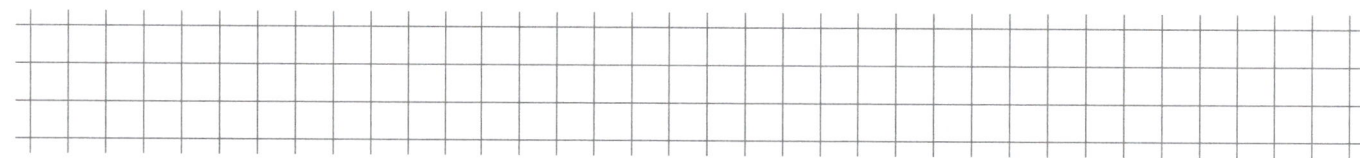

③ Wie geht es weiter?

a)	4	0		5	0		6	0	
b)	5	7	0	5	8	0			
c)	2	3	5	2	4	5			
d)	1	7	5	2	7	5			

④ Zahlenrätsel lösen und selbst erfinden.

a) Welche ist die erste Zahl auf der vorletzten Hundertertafel?

Es ist die Zahl _____ .

b) Welche Zahl im 6. Hunderter hat drei gleiche Ziffern?

Es ist die Zahl _____ .

c) _____

Es ist die Zahl _____ .

Der Zahlenstrahl

① Welcher Ausschnitt ist dargestellt? Wie groß sind die Einheiten? Notiere wie im Beispiel.

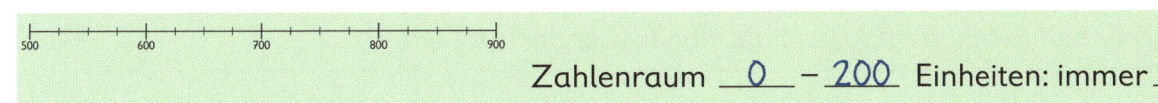

Zahlenraum __0__ – __200__ Einheiten: immer __100__

a)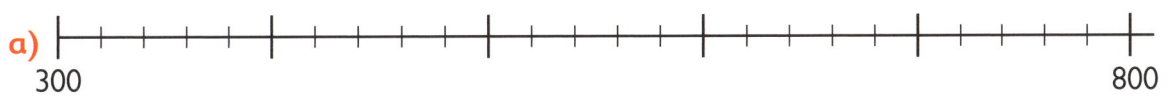

Zahlenraum _____ – _____ Einheiten: immer _____

b)

Zahlenraum _____ – _____ Einheiten: immer _____

② Ordne zu wie im Beispiel.

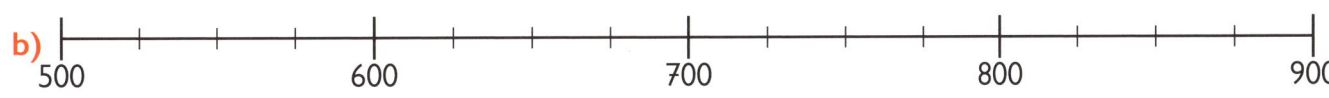

③ Notiere die Zahlen und die veränderten Zahlen in der Tabelle.

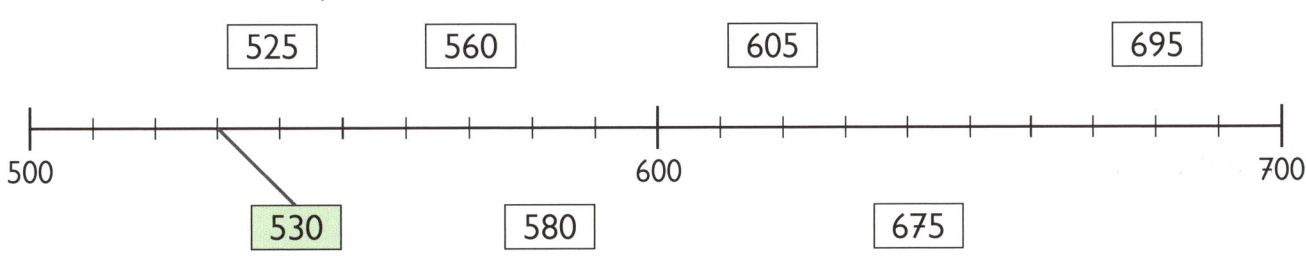

Zahl	vergrößert um 10	verkleinert um 80	verdoppelt
A			
B			
C			
D			
E			

Ich stecke die Fähnchen um.

④ Zusammen immer 1000.

a) 1000 = 350 + _____
   1000 = 725 + _____
   1000 = 615 + _____

b) 1000 = _____ + 650
   1000 = _____ + 375
   1000 = _____ + 405

11

Das kann ich schon!

① Wo liegen die beschriebenen Zahlen? Trage jeweils den Buchstaben an die entsprechende Stelle im Ausschnitt der Tausendertafel ein.

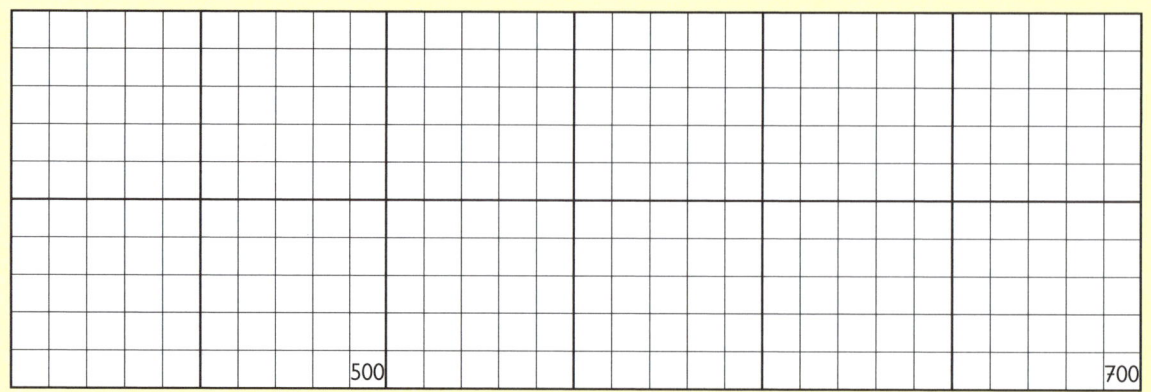

Welche Zahlen in diesem Ausschnitt der Tausendertafel
- haben drei gleiche Ziffern? Schreibe sie auf und trage an den entsprechenden Stellen ein A ein. _____
- haben an der Zehnerstelle eine Null und an der Einerstelle eine 5? Schreibe sie auf und trage an den entsprechenden Stellen ein B ein.
_____
- haben in allen Stellen gerade Ziffern? Die Einerziffer soll doppelt so groß sein wie die Zehnerziffer. Schreibe sie auf und trage an den entsprechenden Stellen ein C ein.
_____
- sind größer als 598 und kleiner als 603? Schreibe sie auf und trage an den entsprechenden Stellen ein D ein. _____
- sind mit den Ziffern 0, 4 und 6 darstellbar? Schreibe sie auf und trage an den entsprechenden Stellen ein E ein. _____

② Male ein Muster für Super M.

a) Starte bei dem rot markierten Feld. Male die Felder der Zahlen, die um 18, 36, 54 und 72 größer sind, ebenfalls rot an. Schreibe die zugehörige Zahlenfolge und die Regel.
_____
_____

b) Male alle symmetrisch liegenden Felder blau an. Schreibe auch für die blauen Felder die zugehörige Zahlenfolge und die Regel.
_____
_____

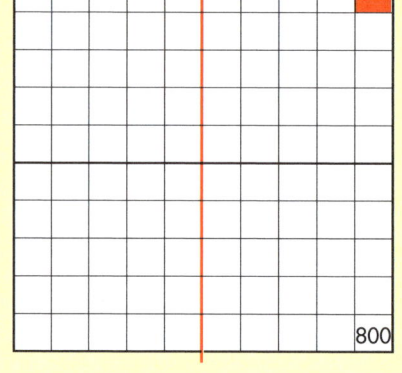

Längen – m, cm, mm

1 Nele und Lena legen Mustertürme aus gleich großen Rechtecken.

> Mein Turm ist 30 cm breit und 9 cm hoch.

> Mein Turm ist doppelt so hoch.

a) Beschreibe das Muster.
_____
_____

b) Wie groß ist jedes Rechteck? _____

c) Lena sagt: „Wenn du doppelt so viele Rechtecke nimmst wie jetzt, dann ist dein Turm genauso hoch wie meiner." Stimmt das? Begründe deine Meinung.
_____
_____

d) Wie breit und wie hoch werden die Türme, wenn die Mädchen die nächste Reihe anlegen? _____

e) Nele und Lena verbauen beide 36 Rechtecke. Wie hoch werden ihre Türme?

f Wie breit ist Neles Turm, wenn Lenas Turm dreimal so hoch ist?
• Findet zwei verschiedene Möglichkeiten.

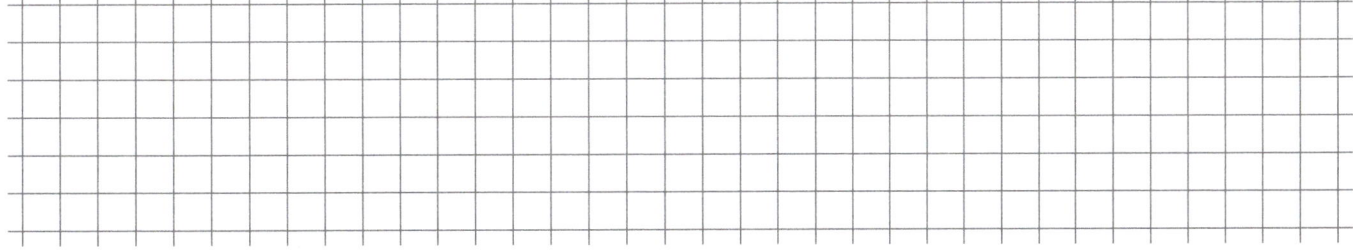

Längen – km, m

① Mit dem Zug von Berlin nach Köln.

Lies ab. Berechne.

Welches ist die längste Strecke ohne Halt?

Wie viele Streckenabschnitte sind kürzer als 30 km?

Wie oft hält der Zug zwischen 20 Uhr und 21 Uhr?

Wie lang ist die Gesamtstrecke?

Wo ist der Zug ungefähr nach der Hälfte der Strecke?

Wie viele Kilometer fährt der Zug von Hamm bis Düsseldorf Hbf.? Wie lange braucht er für diese Strecke?

Bahnhof	Uhrzeit an	Uhrzeit ab	km
Berlin Hbf.		16.51	
			11
Berlin-Spandau	17.03	17.05	
			243
Hannover Hbf.	18.28	18.31	
			110
Bielefeld Hbf.	19.20	19.22	
			67
Hamm (Westf.)	19.48	19.52	
			30
Dortmund Hbf.	20.09	20.12	
			19
Bochum Hbf.	20.23	20.25	
			16
Essen Hbf.	20.34	20.36	
			20
Duisburg Hbf.	20.47	20.49	
			14
Düsseldorf Flughafen	20.57	20.59	
			10
Düsseldorf Hbf.	21.05	21.10	
			39
Köln Hbf.	21.33		

Wie viele Minuten Aufenthalt hat der Zug auf der ganzen Strecke?

Welches ist die kürzeste Strecke ohne Halt?

Wie groß ist die Gesamtfahrzeit?

Wie viele Kilometer fährt der Zug von Hannover nach Bielefeld? Wie lange braucht er für die Strecke?

Gewichte – kg, g

① Sina, Maria, Vedat und Ali haben ausprobiert, wie sie am besten wippen können. Zusammen wiegen die Kinder 116 kg.

   a) Wer ist schwerer, Ali oder Vedat?
   b) Wie groß ist der Gewichtsunterschied?
   c) Wie viel wiegt Ali?
   d) Wie viel wiegt Vedat?

30,5 kg   26,5 kg

Schreibe deine Überlegungen auf.

② Wie viel wiegen die Bausteine?

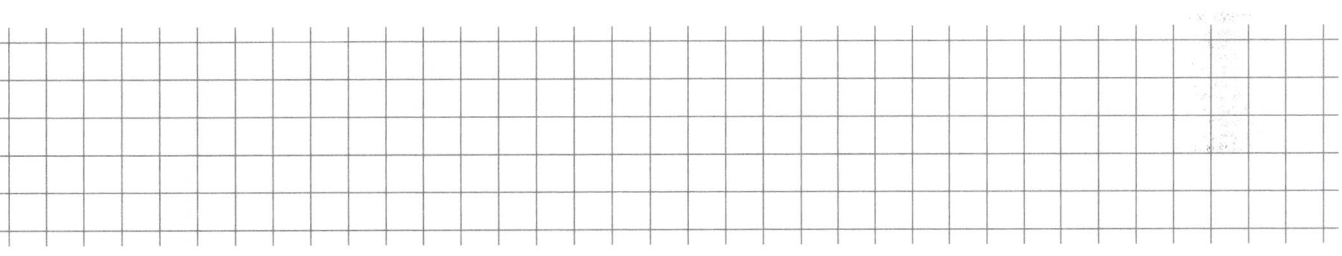

🟥 _120 g_   🟦 _60 g_   🟨 _____   🟧 _____   🟩 _____

③ Welche Bausteine können auf der freien Waagschale liegen? Male oder schreibe.

a)   b)   c)

SB▶30/31 AH▶15 E▶15

15

Rechnen mit Gewichten

① In den ersten Tagen nach der Geburt verlieren alle Babys vorübergehend an Gewicht.

Die Kurve zeigt, wie der Verlauf sein kann.

Judith wiegt bei der Geburt 3 kg 460 g.

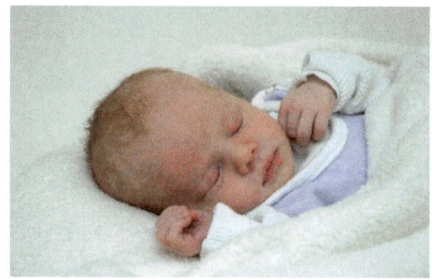

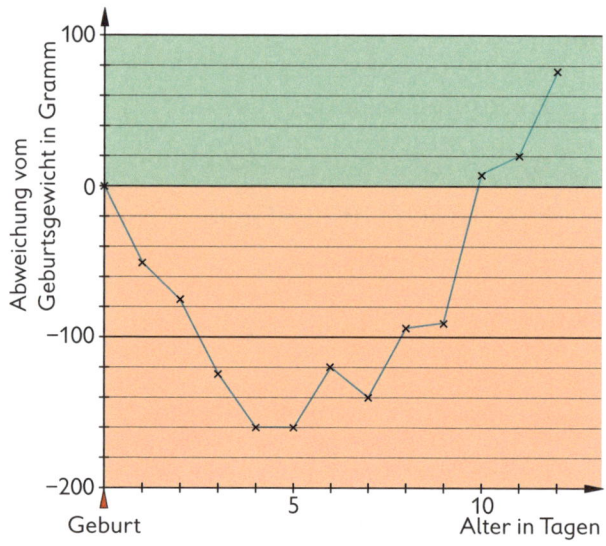

a) Fülle die Tabelle aus.

nach … Tagen	0	1	2	3	4	5	6	7	8	9	10	11	12
Gewicht in g													

b) Nach wie viel Tagen hat Judith ihr Geburtsgewicht wieder erreicht? _____

② Babys wiegen bei der Geburt zwischen 2,5 kg und 4,5 kg und sind zwischen 45 und 55 cm lang. Das Kurvendiagramm geht von einem mittleren Wert aus.

Beantworte die Fragen mit Hilfe des Diagramms.

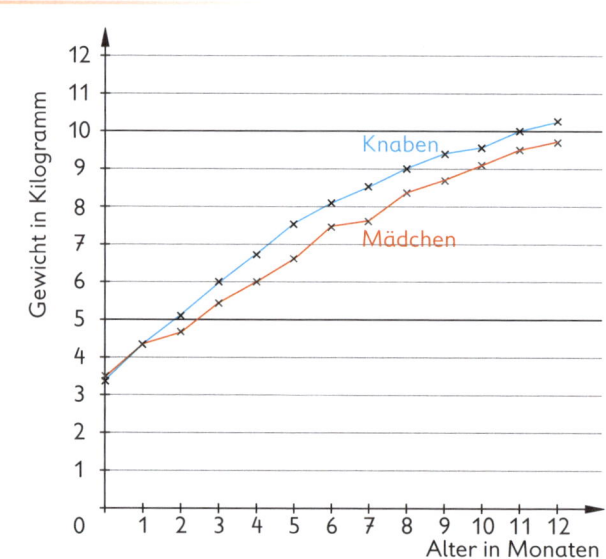

a) Wie schwer war Max

   ungefähr bei der Geburt? _____

b) Wie groß war sein Gewicht

   – nach 4 Monaten? _____

   – nach einem halben Jahr? _____

   – nach 8 Monaten? _____

   – nach einem Jahr? _____

c) Vergleiche die Kurven von Mädchen und Knaben. Was fällt auf?

_____

d) Vergleiche das Geburtsgewicht mit dem Gewicht nach 4 Monaten und mit dem Gewicht nach 12 Monaten.

   Nach 4 Monaten _____

_____

Das kann ich schon!

① Schreibe auf verschiedene Arten.

a) 2050 m = _____ km
   25 m = _____ km
   250 m = _____ km

b) 125 cm = _____ m
   73 cm = _____ m
   8 cm = _____ m

c) 107 mm = _____ cm
   66 mm = _____ cm
   9 mm = _____ cm

d) 5,135 km = _____ m
   1,045 km = _____ m
   0,8   km = _____ m

e) 3,45 m = _____ cm
   0,80 m = _____ cm
   0,04 m = _____ cm

f) 12,4 cm = _____ mm
   8,5 cm = _____ mm
   0,7 cm = _____ mm

② Addiere.

a) 4,80 m + 60 cm = _____
   120 cm + 2,60 m = _____
   0,05 m + 95 cm = _____

b) 0,4 km + 600 m = _____
   1,050 km + 50 m = _____
   0,255 km + 145 m = _____

③ Die beiden Waagen sind im Gleichgewicht. Trage die fehlenden Gewichte ein.

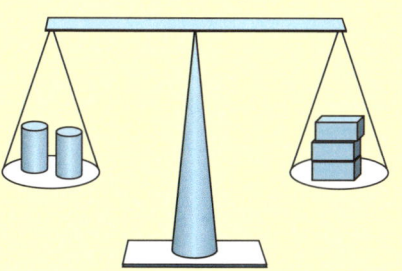 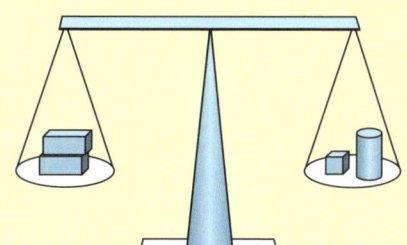

▭ = _____

▭ = 4 kg

▭ = _____

④ Anna bereitet einen Obstsalat. Sie kauft ein:
2 Bananen, 2 Birnen, 3 Orangen, 4 Äpfel und 1 Zitrone (Saft)

a) Berechne Gewicht und Preis für jeweils 1 Stück von jeder Obstsorte.

	Gewicht pro Stück	Preis pro Stück
Banane		
Birne		
Orange	230 g	
Apfel		

Orangen Stückpreis 0,49 €

Zitronen Stückpreis 0,33 €

b) Wie schwer war der Einkauf?

c) Was kostet der Einkauf insgesamt?

Addition mit großen Zahlen

① Rechne geschickt, nutze verschiedene Wege.

a) 446 + 299 = ____
   583 + 299 = ____
   227 + 50 = ____
   627 + 55 = ____

b) 630 + 47 = ____
   630 + 67 = ____
   633 + 37 = ____
   635 + 67 = ____

c) 408 + 199 = ____
   223 + 278 = ____
   550 + 367 = ____
   555 + 444 = ____

d) 453 + 439 = ____
   305 + 385 = ____
   249 + 644 = ____
   777 + 119 = ____

277   501   607   670   677   682   690   697   702   745   765   882   892   893   896   917   999

② Berechne die Lösungen. Rechne geschickt mit drei Summanden.

a) 224 + 319 + ____ = 719

b) 147 + 286 + ____ = 586

c) 186 + ____ + 314 = 627

d) ____ + 333 + 276 = 933

e) ____ + 342 + 158 = 738

f) ____ + ____ + 274 = 874

③ a)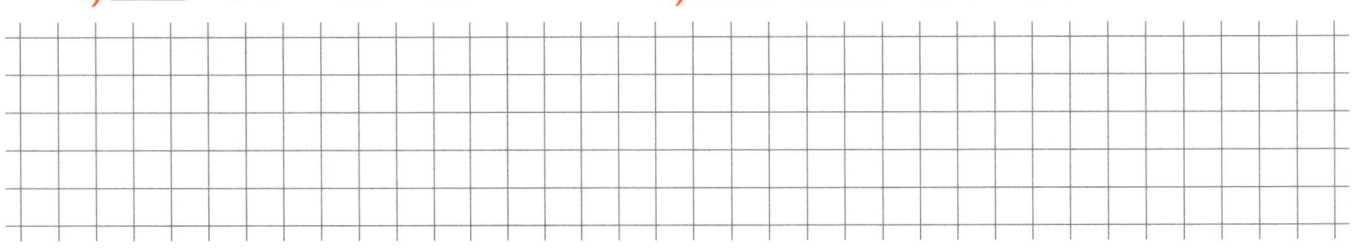
   b) 995 / 525 / 205 / 48, 157
   c) 999

Zahlenmauern mit Werten:
a) 205; 87, 126, —, 97
b) 995, 525, 205, 48, 157
c) 999

④ Ziehe 6 Ziffernkärtchen.

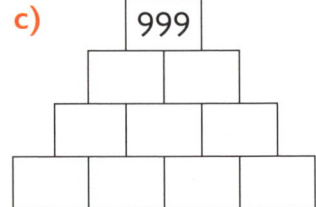

a) Ordne sie zu dreistelligen Zahlen, deren Summe möglichst nahe bei 700 liegt.

b) Triff die 700 genau. Schaffst du es, wenn du die 6 Ziffernkärtchen auswählen kannst? Findest du mehrere Möglichkeiten?

18

Überschlag

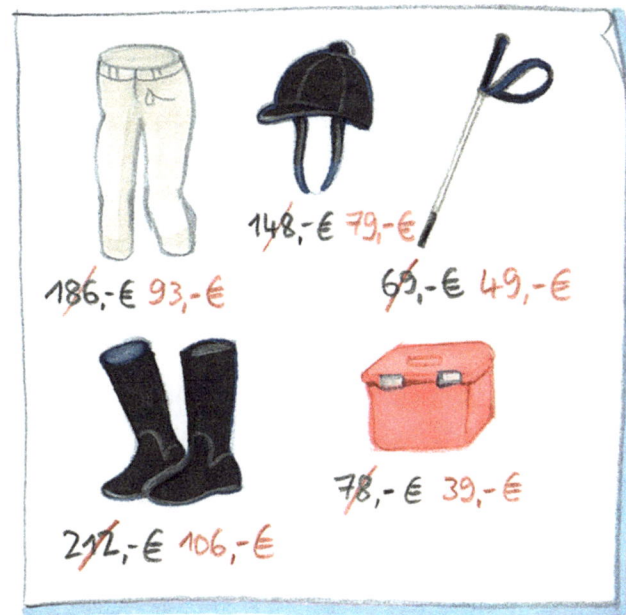

① Bestimme die Lösungen durch einen Überschlag.

a) Tom wünscht sich einen Basketballkorb, einen Basketball und Handschoner. Wie viel Geld braucht er mindestens?

b) Anna braucht eine neue Reithose und eine Putzbox. Reichen ihre Ersparnisse?

c) Vedat hat 65 € gespart. Er möchte gerne Reitstiefel kaufen. Oma ist bereit, ihm das fehlende Geld zu borgen.

d) Lena überlegt, wie viel Geld sie spart, wenn sie aus dem Angebot eine Reitkappe und eine Gerte kauft.

② Welche Fragen kannst du beantworten? Kreuze an.

– Wessen Wünsche kosten zusammen mehr als 100 €?

– Wie lange muss Vedat sparen, bis er das Geld an die Oma zurückzahlen kann? ☐

– Wer benötigt den geringsten Betrag? ☐

– Wie viel zahlt Super M für die Fußballschuhe? ☐

Gibt es Angebote für den Fußball? Ich möchte Fußballschuhe kaufen.

Schriftlich addieren

① Notiere die Überträge sorgfältig.

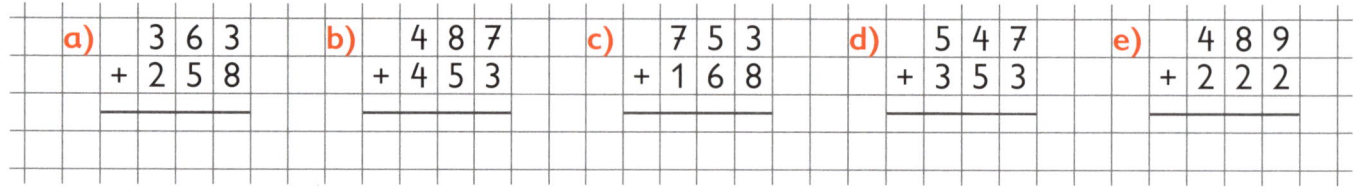

621   711   811   900   921   940

② Mache zuerst einen Überschlag im Kopf.
Addiere dann nur die Aufgaben schriftlich, deren Ergebnis größer als 500 ist.

a) 338 + 214   b) 285 + 198   c) 274 + 317   d) 478 + 86   e) 168 + 236

③ a) Zusammen 1000. Addiere von jedem Zettel drei Zahlen.

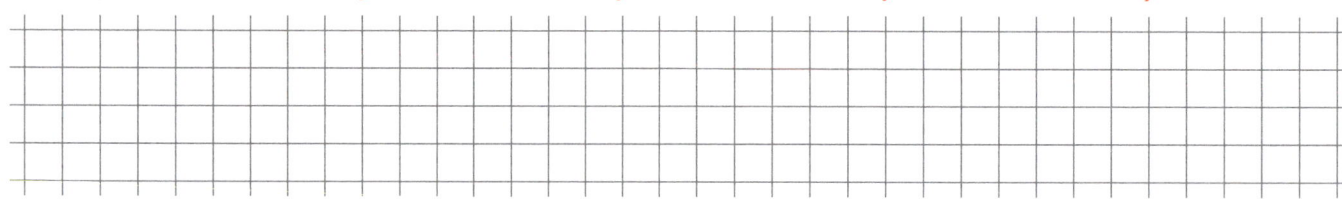

b) Wie hast du die passenden Zahlen gefunden? Beschreibe.
_____
_____

④ Im Kopf oder schriftlich?
Entscheide bei jeder Aufgabe, wie du sie sicher rechnen kannst.

a) 444 + 333   b) 278 + 567   c) 436 + 299   d) 346 + 467   e) 350 + 350

20

Schriftlich addieren üben

① Welche Zahlen wurden addiert?

a)	3 2 7	b)	5 5 6	c)	5 4 6	d)	7 0 7	e)	2 3 8
+		+		+		+		+	
	7 4 1		8 0 2		9 1 3		8 9 8		9 0 0

191   246   367   414   562   662

② Zu welcher Zahl wurde addiert?

a)	b)	c)	d)	e)
+ 3 3 3	+ 2 4 6	+ 1 2 3	+ 4 8 9	+ 1 1 8
4 6 8	8 0 2	5 0 1	7 5 3	8 0 6

135   264   378   452   556   688

③ Berechne die fehlenden Ziffern.

```
  4 _ 3        6 7 _        _ 3 9
+ 3 9 _      + _ 9 _      + 4 7 _
---------    ---------    ---------
      3 1        6 3            6 3
```

④ Berechne die fehlenden Summanden.

```
  4 2 7                        3 9 9
+ 1 6 4      + 5 3 6         + 2 3 8
+ _ _ _      + 1 5 7         + _ _ _
---------    ---------       ---------
  8 7 5        8 7 5           8 7 5
```

⑤ Ergänze fehlende Ziffern.
Finde zu jeder Aufgabe mindestens zwei verschiedene Lösungen.

a)	_ 3 3	b)	7 _ 9	c)	8 _ _	d)	_ _ _	e)	_ 0 _
+ 3 _		+ _ 6 _		+ _ 3		+ _ 3		+ 6 7
_ 2 1		_ _ 8		4 0 _		4 0 _		9 4

a)	_ 3 3	b)	7 _ 9	c)	8 _ _	d)	_ _ _	e)	_ 0 _
+ 3 _		+ _ 6 _		+ _ 3		+ _ 3		+ 6 7
_ 2 1		_ _ 8		4 0 _		4 0 _		9 4

⑥ Du hast jede Ziffernkarte nur einmal zur Verfügung.
Ergänze fehlende Ziffern so, dass in keiner Aufgabe Ziffern doppelt vorkommen.

```
  1 _ 4        6 2 _        _ 7 _        _ _ _
+ _ 5 _      + _ 8 _      + 6 _ _      + 6 3 2
---------    ---------    ---------    ---------
    3 6          4 1          _ 8 _        1 0 _
```

Symmetrische Figuren

① Stelle aus quadratischen Notizzetteln die abgebildeten Faltarbeiten her.
Verfahre nach der Regel: Zuerst mehrmals falten, dann nur einmal schneiden.

Die Faltideen können helfen.

Klebe zwei deiner Ergebnisse auf.

② Schau dir die Faltlinie auf den Bildern genau an, dann schaffst du auch diese Figuren.
Klebe ein Ergebnis auf.

Auf Karopapier spiegeln

① Doppelhaushälften werden meistens symmetrisch gebaut wie im Beispiel. Beschreibe für jedes abgebildete Doppelhaus, was die Symmetrie stört.

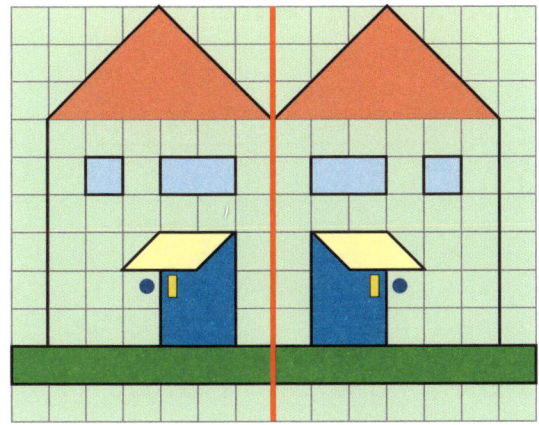

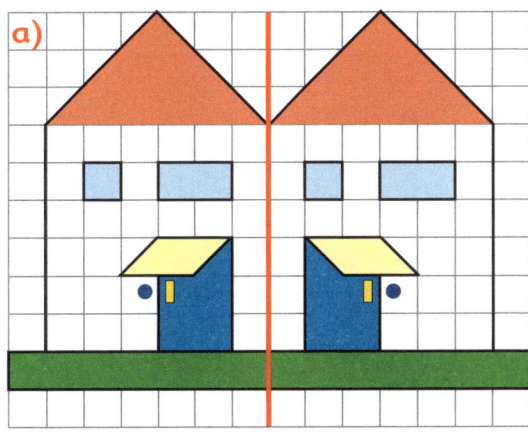

a) _____
_____

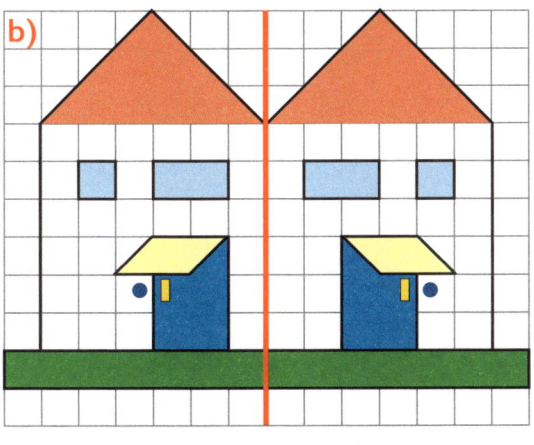

b) _____
_____

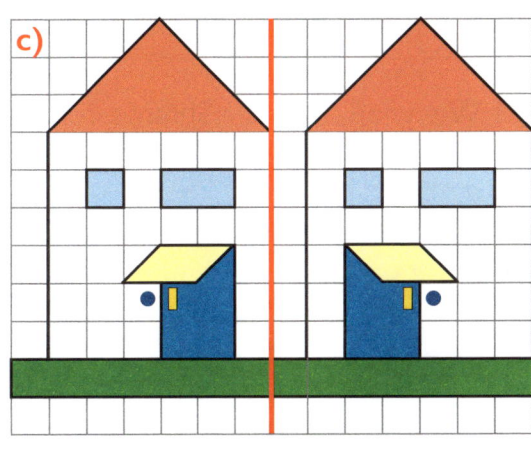

c) _____
_____

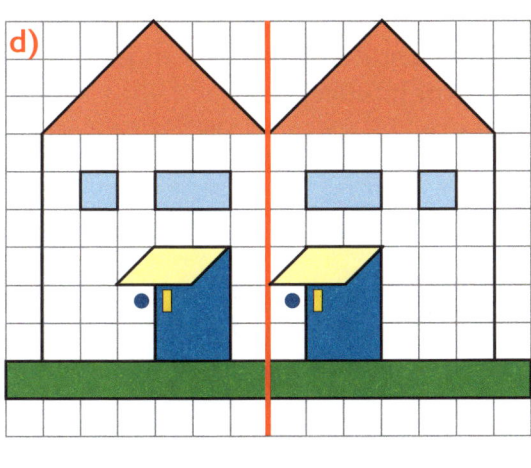

d) _____
_____

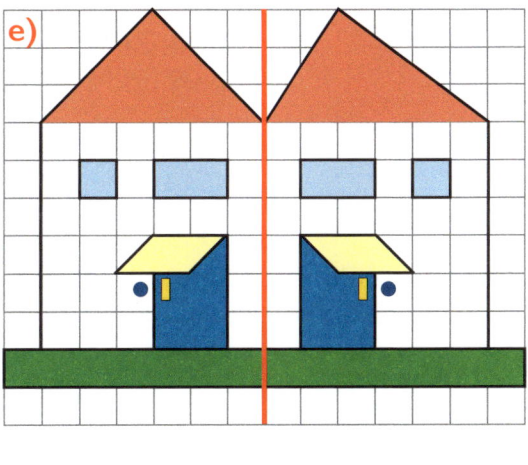

e) _____
_____

Das kann ich schon!

① Zusammen immer 1000.

a) Suche dreistellige Summanden, deren Summe 1000 ist.
Wie im Beispiel sollen jeweils 6 verschiedene Ziffern benutzt werden.

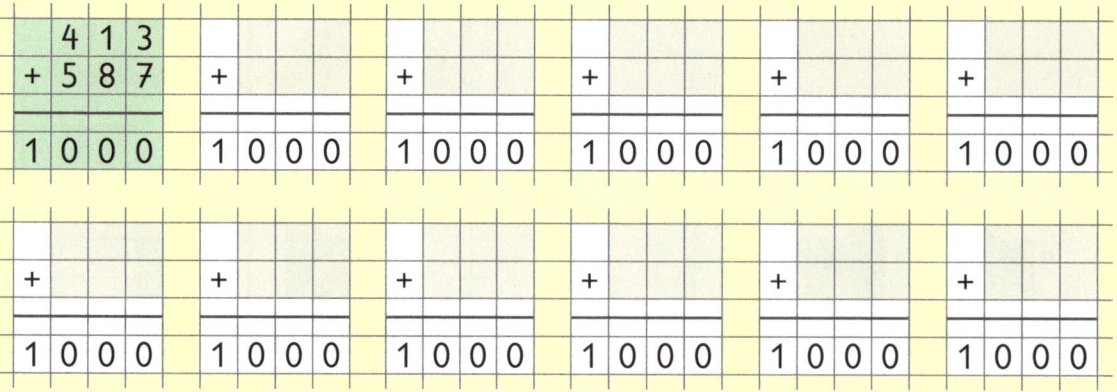

b) Notiere, wie du deine Beispiele gefunden hast.

_____
_____
_____

c) Wie groß muss die Summe der Zahlen sein,
die in der Einerstelle untereinanderstehen? _____

d) Schreibe alle Zahlenkombinationen auf,
die in der Einerstelle möglich sind.

1
9

„Zwei Ziffern kommen hier sicher nicht vor."

e) Erkläre, was Ali überlegt hat.

_____
_____
_____

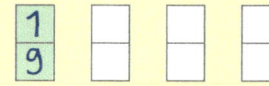

f) Welche Ziffern können in der Zehnerspalte nicht vorkommen,
wenn 9 und 1 für die Einerstelle gewählt wurden?

_____

② Vervollständige das Beispiel. Erfinde durch geschicktes Vertauschen viele weitere Aufgaben. An der Einerstelle sollen immer die Ziffern 1 und 9 stehen.

  7 6 9
+ _ _ _
─────
1 0 0 0

Subtraktion mit großen Zahlen

① Welche einfache Aufgabe rechnest du zuerst? Schreibe sie auf.

a) 425 − 74 =   b) 537 − 85 =   c) 658 − 76 =

d) 434 − 88 =   e) 638 − 73 =   f) 527 − 64 =

g) 605 − 86 =   h) 826 − 67 =   i) 736 − 95 =

② Schreibe und löse die Aufgaben als Ergänzungsaufgaben.

a) 642 − 234 =   b) 587 − 259 =

c) 641 − 376 =   d) 704 − 408 =

e) 868 − 327 =   f) 563 − 182 =

③ Rechne geschickt.

a) 874 − 312 − 374 = ____   b) 751 − 271 − ____ = 300   c) 991 − 455 − 141 = ____
   762 − 429 − 112 = ____   528 − ____ − 128 = 250   882 − 355 − 132 = ____
   653 − 420 − 223 = ____   946 − 256 − ____ = 200   773 − 555 − 123 = ____
   583 − 245 − 133 = ____   813 − ____ − 463 = 150   664 − 155 − 114 = ____

④ Wie heißt die Zahl?

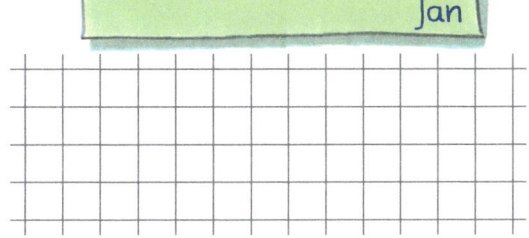

Meine Zahl ist um 128 kleiner als die Differenz aus 821 und 437.
                   Jan

⑤ Finde die gemeinsame Eigenschaft dieser Paare. Notiere viele Beispiele, die nach demselben „Muster" gebildet sind.

872 | 436   __ | __   600 | __

908 | 472   __ | __   __ | __

           __ | __   __ | __

Schriftlich subtrahieren – ergänzen

① Löse durch Ergänzen. Notiere Überträge sorgfältig.

a) 627 − 458   b) 841 − 456   c) 753 − 584   d) 916 − 428   e) 542 − 358

169   169   184   269   385   488

f) 852 − 686   g) 805 − 418   h) 901 − 605   i) 641 − 249   j) 653 − 448

166   205   296   346   387   392

② Rechne. Fällt dir etwas auf? Beschreibe deine Beobachtung.
Schreibe und rechne zwei Aufgaben nach demselben Muster.

a) 746 − 373   b) 674 − 337   c) 518 − 259   d) 902 − 451   e) 858 − 429

_____
_____
_____

③ Berechne die Differenz des Beispiels. Finde viele Zahlenpaare mit derselben Differenz.

| 959 | 791 |

Schriftlich subtrahieren – abziehen

① Löse durch Abziehen.

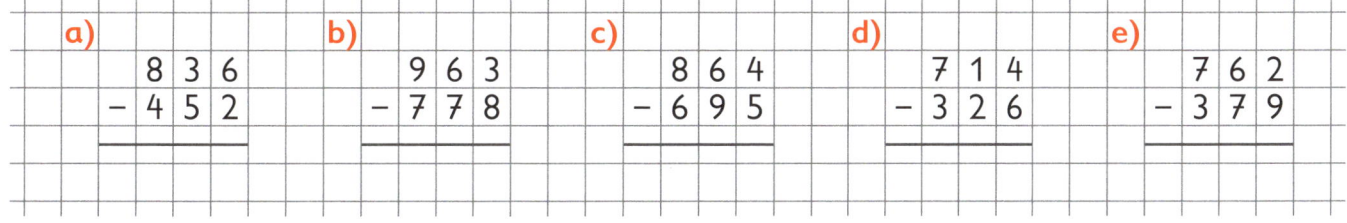

a)	b)	c)	d)	e)
836 − 452	963 − 778	864 − 695	714 − 326	762 − 379

169   185   284   383   384   388

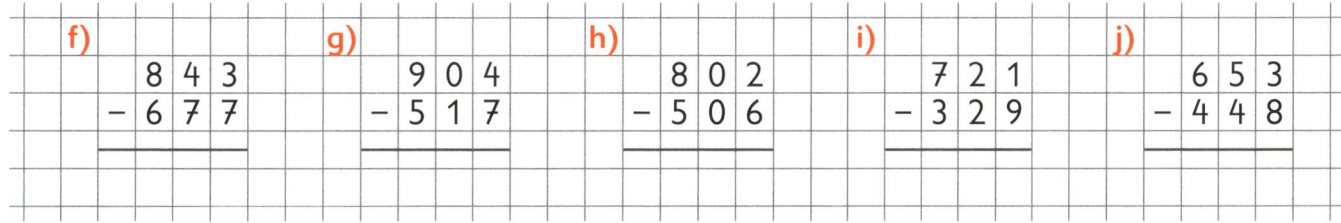

f)	g)	h)	i)	j)
843 − 677	904 − 517	802 − 506	721 − 329	653 − 448

166   205   296   346   387   392

② Rechne. Fällt dir etwas auf? Beschreibe deine Beobachtung.
Schreibe und rechne zwei Aufgaben nach demselben Muster.

a)	b)	c)	d)	e)
632 − 316	574 − 287	970 − 485	716 − 358	854 − 427

③ Berechne die Differenz des Beispiels. Finde viele Zahlenpaare mit derselben Differenz.

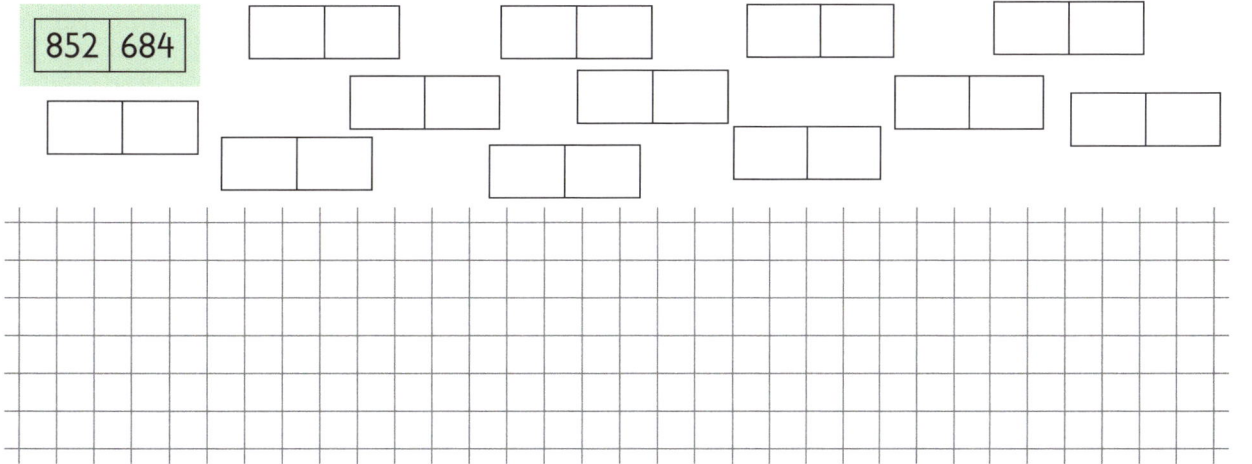

852 | 684

27

Schriftlich subtrahieren üben

① Berechne im Kopf zu jeder Aufgabe einen Überschlag und notiere die Ergebnisse.

mehr als …   weniger als …   ungefähr …   fast …

a) 623 − 467   b) 826 − 553   c) 914 − 638

Ü: _____   Ü: _____   Ü: _____

d) 784 − 369   e) 804 − 706   f) 907 − 578

Ü: _____   Ü: _____   Ü: _____

② Wie geht es weiter?

a) Schreibe die fehlenden Aufgaben und rechne sie aus.

b) Um wie viel ist die letzte Zahl, die subtrahiert wird, größer als die erste?

Notiere, wie du rechnest. _____

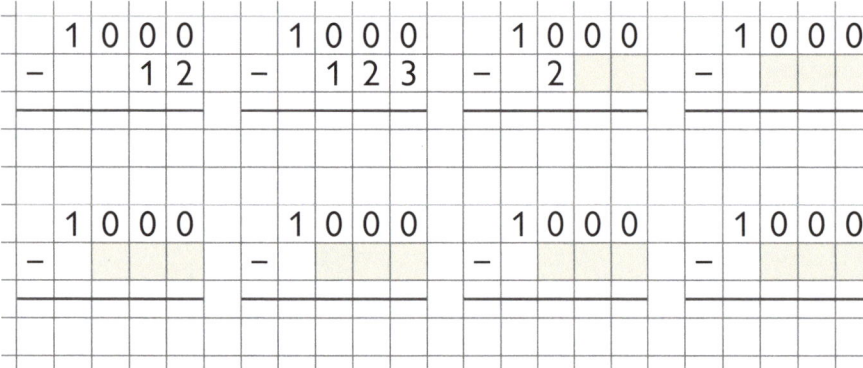

Prüfe die letzte Zahl mit Hilfe der Regel.

③ Erkennst du das Muster?

a) Erfinde, rechne viele Aufgaben mit einem solchen Muster.

b) Sortiere die Aufgaben nach den Ergebnissen.
Wie viele verschiedene Ergebnisse kommen bei deinen Aufgaben vor?

c) Kannst du eine Aufgabe so planen, dass du das Ergebnis schon vorher sicher weißt?

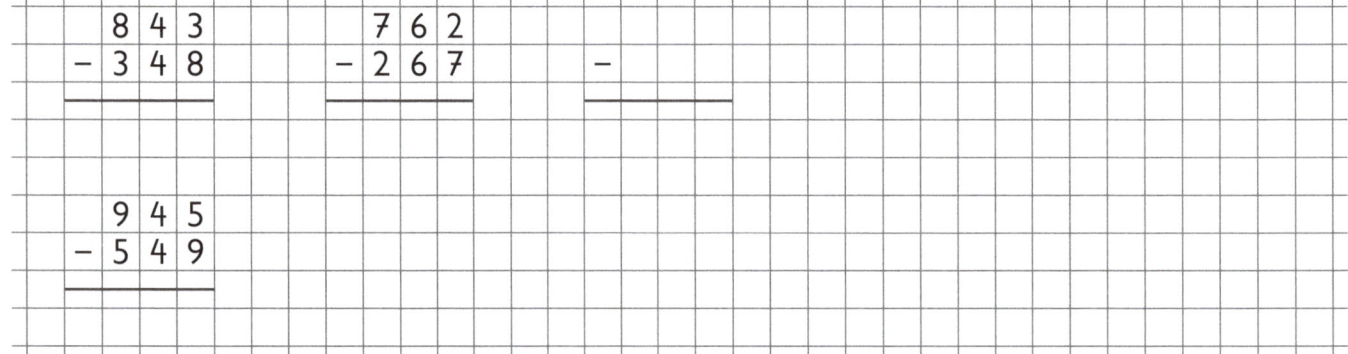

Diese Ergebnisse kommen bei mir vor: _____

Schriftlich subtrahieren und die Null

1 Bestimme die fehlenden Ziffern.

	a)	b)	c)	d)	e)
	− 2 5 7	− 4 7 6	8 5 6 − _ _ _	7 1 4 − _ _ _	9 0 1 − _ _
	5 3 2	3 4 5	2 3 4	3 5 8	4 0 6

	f)	g)	h)	i)	j)
	7 _ 8 − _ 6 4	_ 2 _ − 5 _ 9	8 4 _ − 6 _ 7	7 _ _ − _ 5 2	9 1 _ − 6 _ 7
	5 7 _	2 0 3	2 0 _	4 6 3	0 5

2 Starte bei 900. Subtrahiere acht aufeinanderfolgende Zahlen.
Ziel ist es, bei Null anzukommen.
Vielleicht musst du mehrere Aufgabenserien rechnen. Du schaffst es bestimmt.

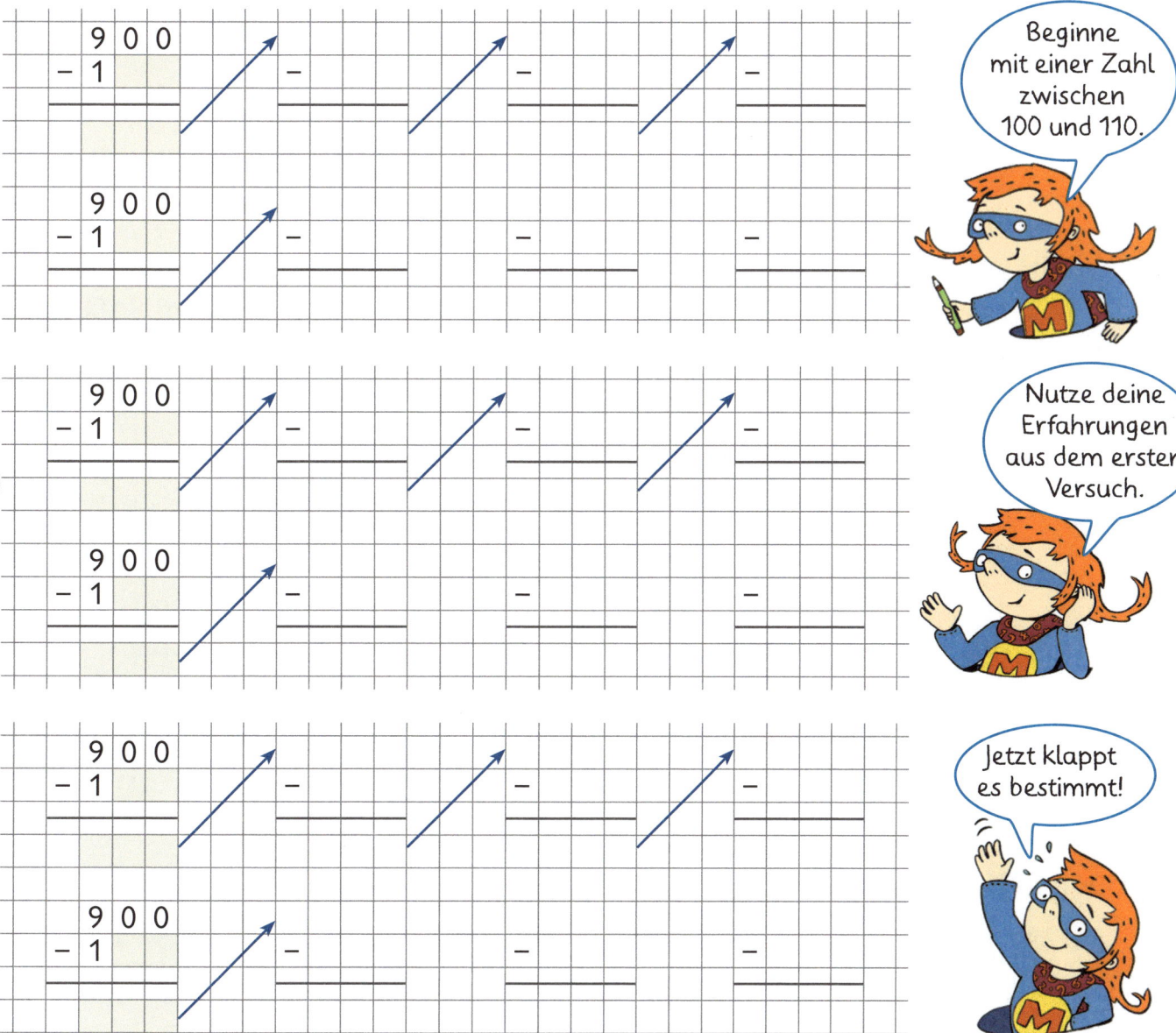

Beginne mit einer Zahl zwischen 100 und 110.

Nutze deine Erfahrungen aus dem ersten Versuch.

Jetzt klappt es bestimmt!

Rechnen mit Kommazahlen

Weizenbrötchen  25 ct

Croissant  75 ct

Roggenbrötchen  43 ct

Mehrkornbrötchen  52 ct

Mohnbrötchen  36 ct

① Immer 6 Brötchen, je 3 Brötchen von derselben Sorte.

Super M hat 3 €. Welche Brötchen können in der Tüte sein?

a) Notiere für jedes Beispiel die Brötchensorten und die Rechnung. Finde alle Möglichkeiten.

b) Wie viel Geld behält Super M höchstens übrig?

② Wandle um und rechne schriftlich.

a) 34,57 m + 365 cm   b) 933 cm + 0,76 m   c) 184,76 m + 87 cm   d) 0,08 m + 1 000 cm

e) 3 000 cm − 3,30 m   f) 888 cm − 8,08 m   g) 51,06 m − 876 cm   h) 1 000 m − 0,84 cm

③ Ordne die Längenangaben.

| 72 m | 0,20 m | 0,67 m | 1 200 cm | 607 cm | 18 dm | 220 mm | 15 mm |

72 m >

Das kann ich schon!

① Berechne die fehlenden Zahlen und trage sie ein.

a) 4☐☐ − 275 = ☐48
b) 7☐4 − ☐5☐ = 267
c) ☐72 − ☐3☐ = 363
d) ☐83 − ☐68 = ☐26
e) 504 − 3☐☐ = ☐09

② Finde zu jeder Aufgabe mehrere Lösungen.

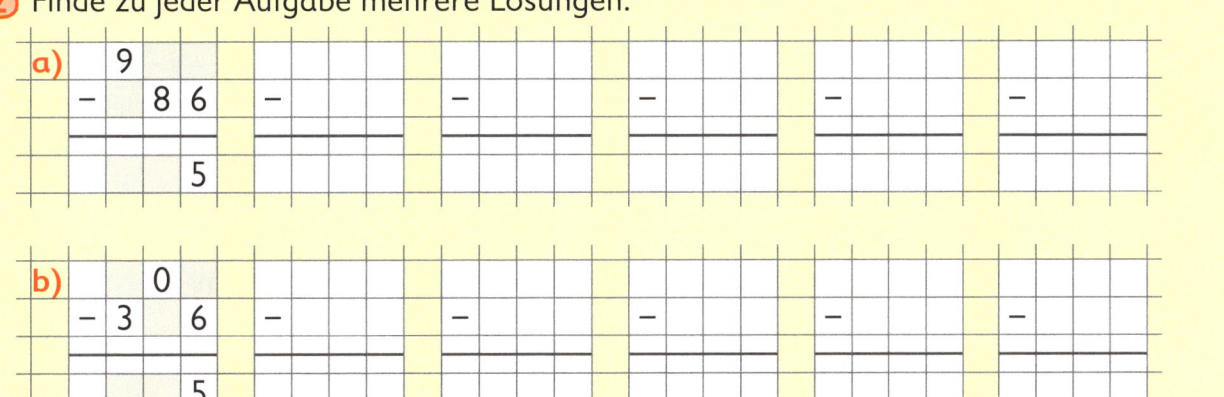

a) 9☐☐ − ☐86 = ☐☐5

b) ☐0☐ − ☐36 = ☐☐5

③ Erfinde zu jeder Vorschrift zwei Beispielaufgaben.

a) Die Differenz soll größer als 500 sein. Es kommt keine Null vor.

b) Die Differenz der Zahlen soll 287 betragen.

c) Die Differenz aus 1000 und einer Zahl soll drei gleiche Ziffern haben.

d) Die Zahl, die subtrahiert wird, ist genauso groß wie die Differenz.

④ In der Zahl, die subtrahiert wird, kommt keine Null vor.

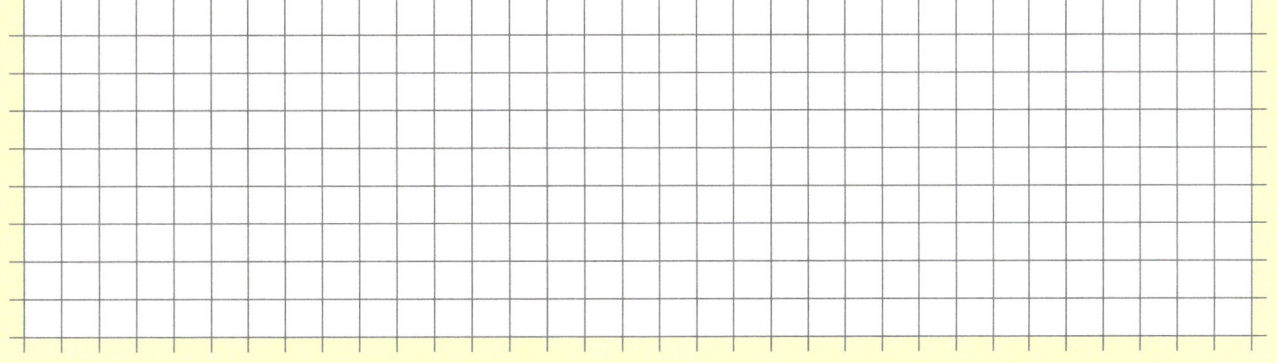

☐0☐ − ☐☐☐ = ☐0☐   (fünfmal)

Zufall – Würfeln

① Lisa und Tim haben sich für das Multiplizieren der Würfelergebnisse beim Würfeln mit zwei Würfeln eigene Regeln ausgedacht.

Lisa: Produkt ist ungerade.
Tim: Produkt ist eine Quadratzahl.
Ein Punkt für mich bei …

·	1	2	3	4	5	6
1						
2						
3						
4						
5						
6						

a) Haben beide gleich gute Gewinnchancen? Begründe deine Überlegungen mit Hilfe der Tabelle.
_____

b) Schreibe eine Regel, nach der Lisa dieselbe Gewinnchance hat wie Tim.
_____
_____

② **Ein Würfelspiel mit zehnflächigen Würfeln (0 bis 9)**

Spiele mit einem Partner. Jeder Spieler sucht sich eine Gewinnsumme zwischen 0 und 18 aus. Würfelt abwechselnd mit zwei Würfeln und bildet die Augensumme. Notiert alle Summen in einer Strichliste.
Jeder Spieler darf 20-mal würfeln. Gewonnen hat derjenige, dessen gewählte Augensumme am häufigsten erreicht wurde.

Summe	0	1	2	3	4	5	6	7	8	9	10	11	12	13	14	15	16	17	18
Anzahl																			

a) Was fällt dir auf? _____
_____
_____

b) Überprüfe mit Hilfe der Tabelle, welche Augensummen besonders häufig vorkommen, welche nur sehr selten.

c) Welche Gewinnsummen kannst du dir aussuchen, um wahrscheinlich zu gewinnen?
_____

d) Mit welchen Augensummen gewinnst du wahrscheinlich nicht?
_____

+	0	1	2	3	4	5	6	7	8	9
0										
1										
2										
3										
4										
5										
6										
7										
8										
9										

Wahrscheinlichkeit

① Glücksrad

Spielregel:
Jeder Spieler darf dreimal das Glücksrad drehen.
Die Punkte werden addiert.
Die höchste Punktzahl gewinnt.

a) Welche Punktzahl ist die höchstmögliche? _____

b) Welche Punktzahl ist die kleinstmögliche? _____

c) Welche der beiden ist wahrscheinlicher? Begründe.

_____

_____

_____

d) Kontrolliere die Aussagen. Notiere richtig oder falsch.

Die 50 kommt am häufigsten.	Die Chancen für 100 und 250 sind gleich.	Bei dreimal Drehen ist die Gesamtzahl 200 nicht möglich.	Bei dreimal Drehen ist die Gesamtzahl 750 nicht möglich.
___	___	___	___

② A 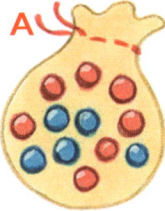 B  C  D

Jan darf mehrmals aus einem Säckchen ziehen, um eine rote Murmel zu bekommen.
Begründe deine Entscheidungen.

a) Welches Säckchen wählt er aus, um schnell eine rote Murmel zu ziehen?

_____

b) Wie oft muss Jan bei diesem Säckchen höchstens ziehen,
um eine rote Murmel zu bekommen?

_____

c) Welches Säckchen wählt Jan auf keinen Fall aus?

_____

Kombinatorik

① **Beim Eishockey**
Vor Beginn des Spiels begrüßen sich die beiden Mannschaften, indem die Spieler in einer Reihe aneinander vorbeilaufen und sich die Hände schütteln.

Wie oft werden hier Hände geschüttelt, wenn in jeder Mannschaft 6 Spieler sind? Notiere deinen Rechenweg!

② Setze aus Kopf, Oberteil und Unterteil Kinder zusammen.
Wie viele verschiedene Kinder kannst du bauen? Notiere deinen Lösungsweg.

Daten sammeln und darstellen

① Am Anfang des Schuljahres wurden 14 Mädchen und 12 Jungen eingeschult. In der Eingangsstufe lernen sie mit den Kindern des 2. Unterrichtjahrgangs gemeinsam.
Es gibt zwei Eingangsstufenklassen, E1 und E2. In den beiden 3. Klassen sind gleich viele Kinder, in der 4. Klasse sind genau 10 Kinder mehr als in 3b.

	Name	Schülerzahl	M	J
Eingangsstufe	E 1	28	11	
	E 2	29		18
Jahrgang 3	3 a	19	11	
	3 b			7
Jahrgang 4	4			13

Vervollständige die Tabelle.

Beantworte die Fragen mit Hilfe der Tabelle.

a) Wie viele Kinder besuchen die Eingangsstufe? ☐

b) Welcher Jahrgang hat die geringste Kinderzahl? ☐

c) Wie viele Schüler gehören im nächsten Schuljahr zum 3. Jahrgang? ☐

d) Wie groß ist die Gesamtschülerzahl? ☐

② Die Tabelle zeigt, wie oft die Kinder der verschiedenen Klassen in den letzten 10 Wochen durchschnittlich das Eulennest besucht haben.

	durchschnittliche Zahl der Besuche
Schüler im 1. Schulbesuchsjahr	4
Schüler im 2. Schulbesuchsjahr	5
Klasse 3 a	5
Klasse 3 b	7
Klasse 4	5

durchschnittlich
Die Zahl der Besuche ist gleichmäßig auf alle Kinder verteilt.

Die Schülerzahlen der einzelnen Klassen findest du in der Tabelle von Aufgabe 1.

a) Berechne, wie viele Besuche von Zweitklässlern im Eulennest stattgefunden haben.

b) In welcher Klasse ist das Interesse am größten?
Berechne, wie viele Besuche von Kindern dieser Klasse es im Eulennest gab.

Knobelaufgaben

① Maria verteilt ihre Bonbons gerecht an ihre Freunde.
Egal ob sie an 2, 3 oder 4 Kinder verteilt,
immer bleibt ein Bonbon übrig.

Wie viele Bonbons hat sie?
Kreuze an.

☐ 6   ☐ 10   ☐ 11   ☐ 12   ☐ 13

Begründe deine Antwort. _____

_____

② Setze fort. Notiere jeweils die Regel für die Zahlenfolge.

a) | 145 | 195 | 170 | 220 | 195 | | | | |

Regel: _____

b) | 1000 | 875 | 880 | 755 | 760 | | | | |

Regel: _____

c) | 23 | 69 | 39 | 117 | 87 | | | | |

Regel: _____

③ Immer dasselbe Muster – immer größere Quadrate

a) Bestimme jeweils die Anzahl der blauen und die Anzahl der roten Quadrate und deren Summe. Notiere wie im Beispiel.

b) Wie viele kleine Quadrate gehören zum nächsten Quadrat?
Wie viele davon sind blau, wie viele rot?

c) Wie geht es weiter?
Male das nächste Quadrat.
Berechne das dann folgende Quadrat.

1 | 8
9

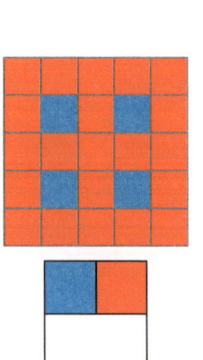

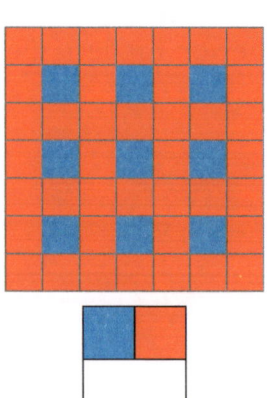

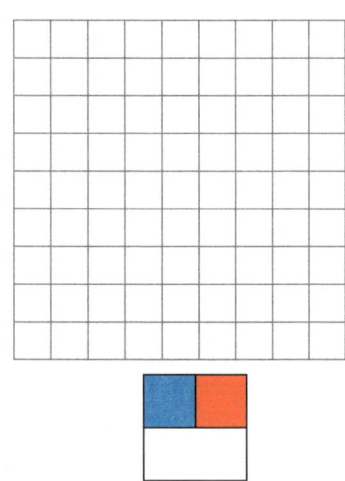

36

Das kann ich schon!

① Du hast vier Säckchen mit roten und blauen Murmeln.
Du gewinnst, wenn du eine rote Murmel ziehst.

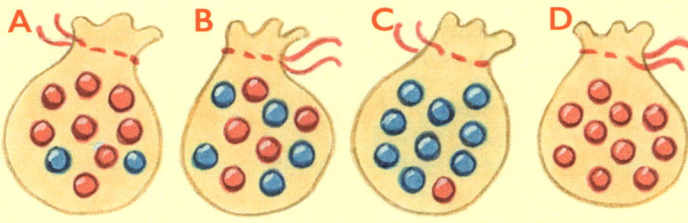

a) Bei welchem Säckchen gewinnst du sicher? _____

b) Bei welchem Säckchen ist es sehr unwahrscheinlich, dass du gewinnst? _____

c) Bei welchem gemischten Säckchen ist es wahrscheinlicher, eine rote Murmel zu ziehen als eine blaue? _____

d) In welchem Säckchen sind die Gewinnchancen für Rot und Blau gleich? _____

② Du wirfst zwei 1-Euro-Stücke gleichzeitig hoch und fängst sie mit der flachen Hand auf.

Was ist wahrscheinlich?

- Beide Münzen zeigen die Zahl.
- Beide Münzen zeigen das Bild.
- Eine Münze zeigt die Zahl, die andere das Bild.

Begründe deine Meinung. _____
_____
_____

③ An der Regenbogenschule wurden die Kinder gefragt, wie sie morgens zur Schule kommen.

Wie kommst du morgens zur Schule?	
1. alleine zu Fuß	54
2. zu Fuß gebracht	19
3. mit dem Bus	42
4. mit dem Fahrrad	25
5. mit dem Auto gebracht	35

Kreisdiagramm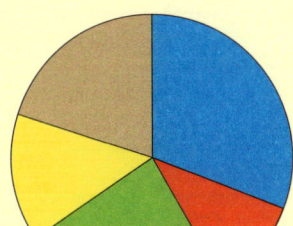

Säulendiagramm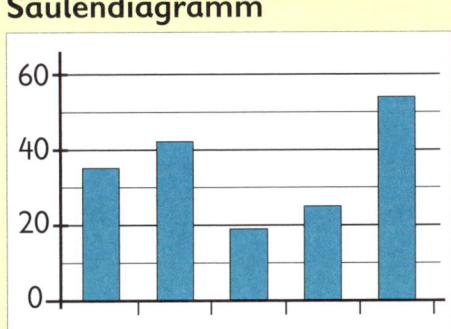

a) Welche Farbe im Kreisdiagramm steht für welche Antwort?
_____

b) Ordne den Säulen im zweiten Diagramm die passenden Nummern zu.

Wiederholung – Multiplikation

① **Wie geht es weiter?**

a) Zeichne jeweils das Rechteck und notiere die passenden Aufgaben.

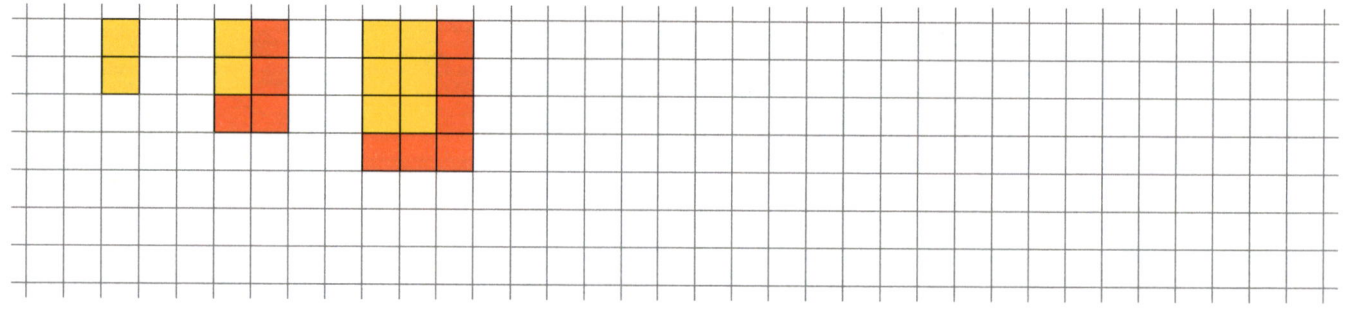

```
   2       2 + 4     6 + 6     ____     ____     ____
  2 · 1    3 · 2     4 · 3     ____     ____     ____
```

b) Beschreibe das „Muster", nach dem die Additionsaufgaben aufeinanderfolgen.
_____
_____

c) Nach welcher Regel entsteht die Folge der Multiplikationsaufgaben?
Wie heißt die 10. Aufgabe?
_____
_____

② **Aufgaben aus dem großen Einmaleins. Rechne aus.**

a) 3 · 17 = 3 · 10 + 3 · 7 _____ = ____   b) 5 · 17 = _____ = ____
   4 · 19 = _____ = ____   8 · 12 = _____ = ____
   6 · 15 = _____ = ____   4 · 18 = _____ = ____
   7 · 13 = _____ = ____   9 · 14 = _____ = ____
   8 · 18 = _____ = ____   6 · 13 = _____ = ____

51   72   76   78   85   89   90   91   96   126   144

③ **Rechne geschickt. Wie geht es weiter?**

a) 15 · 12 = ____   b) 15 · 15 = ____
   15 · 14 = ____   15 · 20 = ____
   15 · 16 = ____   15 · 25 = ____
   15 · ___ = ____   15 · ___ = ____
   ___ · ___ = ____   ___ · ___ = ____
   ___ · ___ = ____   ___ · ___ = ____
   ___ · ___ = ____   ___ · ___ = ____

10-mal kann ich, 5-mal ist die Hälfte davon, 15-mal ist auch ganz einfach!

Teiler/Vielfache

① Bestimme die Teiler von
a) 40 _____
b) 56 _____
c) 100 _____
d) 19 _____
e) 31 _____

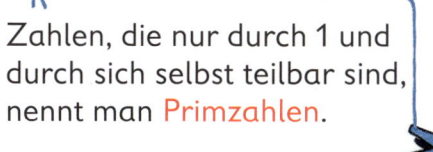
Zahlen, die nur durch 1 und durch sich selbst teilbar sind, nennt man Primzahlen.

② Die Zahlen 2 und 3 sind Primzahlen. Notiere weitere 5 Primzahlen.
_____

③ Der berühmte Mathematiker *Eratosthenes* hat bereits vor über 2000 Jahren einen Weg gefunden, mit dem man alle Primzahlen bis 100 leicht finden kann:

1	2	3	4	5	6	7	8	9	10
11	12	13	14	15	16	17	18	19	20
21	22	23	24	25	26	27	28	29	30
31	32	33	34	35	36	37	38	39	40
41	42	43	44	45	46	47	48	49	50
51	52	53	54	55	56	57	58	59	60
61	62	63	64	65	66	67	68	69	70
71	72	73	74	75	76	77	78	79	80
81	82	83	84	85	86	87	88	89	90
91	92	93	94	95	96	97	98	99	100

Das Sieb des Eratosthenes

1. Kreise die 2 als erste Primzahl ein und streiche alle Vielfachen der 2 durch.
2. Verfahre genauso mit der 3 und mit der jeweils folgenden noch nicht durchgestrichenen Zahl.
3. Wie heißt die letzte Zahl, mit der du so verfahren musst?
   _____
4. Kreise nun alle Zahlen ein, die nicht durchgestrichen sind.

Das sind alle Primzahlen bis 100.
Wie viele Primzahlen sind es? _____

④ Vor etwa 300 Jahren lebte ein Mathematiker mit Namen Goldbach. Er stellte die Behauptung auf, dass jede gerade Zahl als Summe von 2 Primzahlen aufgeschrieben werden kann.

Beispiel: 4 = 2 + 2, 6 = 3 + 3, 8 = 5 + 3

Man spricht von der Goldbach'schen Vermutung, weil die Behauptung bis heute nicht bewiesen wurde. Schau im Internet nach.

Stelle die folgenden 10 geraden Zahlen (10, 12 …) als Summe aus je 2 Primzahlen dar.

Multiplikation mit Zehnerzahlen

① Vervollständige die Zahlenfolgen.

a) | | | 120 | 160 | | | | |

b) | | | 150 | | 250 | | | |

c) | | 120 | | | | | 420 | |

d) | | | | 360 | | 540 | | |

② Fülle die Tabellen aus. Schreibe eine eigene Tabelle.

a)
·	3		7
20		100	
	150		
			560

b)
·		70	
4	200		
6			540
		560	

c)
·			

③ Rechne geschickt.

a) 2 · 90 = ____   3 · 90 = ____   4 · 90 = ____   5 · 90 = ____
    8 · 90 = ____   7 · ___ = ____   6 · ___ = ____   5 · ___ = ____
   10 · 90 = ____   10 · ___ = ____   10 · ___ = ____   10 · ___ = ____

b) 9 · 60 = 540   7 · 60 = 420   3 · 60 = 180   4 · 60 = 240
    6 · ___ = ____   8 · ___ = ____   12 · ___ = ____   11 · ___ = ____
   15 · ___ = ____   15 · ___ = ____   15 · ___ = ____   15 · ___ = ____

c) 5 · 40 = ____   11 · 40 = ____   7 · ___ = 280
   10 · 40 = ____   14 · ___ = ____   14 · ___ = ____
   15 · 40 = ____   25 · ___ = ____   21 · ___ = ____
   20 · 40 = ____

Erst diese, dann den Rest

④ Im Supermarkt gibt es Joghurt in Bechern zu je 125 g, 150 g, 250 g, 500 g.
Lena kauft 1 kg Joghurt.
Wie viele Becher können es sein?
Notiere wie im Beispiel.
Finde mehrere Möglichkeiten.

2 Becher zu je 500 g

Halbschriftliches Multiplizieren

① Rechne geschickt.

a) 7 · 99 = ____   b) 4 · 230 = ____
   4 · 37 = ____   6 · 110 = ____
   6 · 25 = ____   3 · 331 = ____
   3 · 86 = ____   5 · 150 = ____

② Addiere jeweils die Ergebnisse und schreibe die passende Aufgabe.

a) 3 · 297 = ____   b) 4 · 188 = ____   c) 5 · 128 = ____   d) 3 · 149 = ____
   3 ·   3 = ____   4 · 12 = ____   5 · 72 = ____   3 · 151 = ____
   __ · ___ = ____   __ · ___ = ____   ___ · ___ = ____   __ · ___ = ____

③

a)
·	120	122	124
3			
5			

b)
·	75	85	95
4			
8			

c)
·	62	63	64
3			
6			

d)
·		120	
2	250		230
		480	

e)
·	24	26	
	120		140
6			

f)
·			
6		450	
3	75		300

④ Wie geht es weiter?

a) 5 · 45 = ____   b) 7 · 39 = ____   c) 2 · 99 = ____   d) 3 · 122 = ____
   5 · 47 = ____   6 · 49 = ____   4 · 99 = ____   3 · 132 = ____
   5 · 49 = ____   5 · 59 = ____   6 · 99 = ____   3 · 142 = ____
   __ · ___ = ____   __ · ___ = ____   __ · ___ = ____   __ · ___ = ____
   __ · ___ = ____   __ · ___ = ____   __ · ___ = ____   __ · ___ = ____

⑤ Schreibe die passende Aufgabe und rechne aus.

a) Berechne das Siebenfache von 36.

b) Verdopple 497.

c) Multipliziere 67 mit 9.

d) Multipliziere die Summe und die Differenz aus 9 und 4.

Division mit Zehnerzahlen

① a) 560 : ___ = 70 b) 300 : ___ = 5 c) 40 = ___ : 3 d) 9 = ___ : 30
   480 : ___ = 80   420 : ___ = 6   50 = ___ : 7   6 = ___ : 60
   720 : ___ = 90   630 : ___ = 7   60 = ___ : 4   4 = ___ : 50

② a) 210 : 7 = ___   b) 120 : 4 = ___   c) 180 : 6 = ___
   420 : 7 = ___   240 : 4 = ___   360 : 6 = ___
   840 : 7 = ___   480 : 4 = ___   720 : 6 = ___

   d) 150 : 3 = ___   e) 180 : 2 = ___   f) 240 : 8 = ___
   300 : 3 = ___   360 : 2 = ___   ___ : 8 = ___
   ___ : 3 = ___   ___ : 2 = ___   ___ : 8 = ___

Einfach verdoppeln!

③ a)

:	40	80
240		
400		

b)

:	30	60
		5
	12	

c)

:		
420	60	
210		7

d)

:	10	80
	80	
960		

e)

:		
200	4	10
800		

f)

:		6
300	3	
	9	

Meine Aufgabe:

g)

:		

④ Zahlen gesucht – berechne sie anhand der Steckbriefe.

a) Gesucht ist die Zahl, die multipliziert mit 6 480 ergibt.

b) Dividierst du die gesuchte Zahl durch 8, so erhältst du 40.

c) Die Summe aus der Hälfte meiner Zahl und 40 ist gleich 5 · 20.

d) Das Doppelte meiner Zahl ist um 30 kleiner als 310.

⑤ Am Blumenstand
  a) Nele kauft 7 Ranunkeln. Sie muss 6,30 € bezahlen.
  b) Renate kauft 7 Nelken und bezahlt 5,60 €.
  c) Frau Schmidt möchte 5 Ranunkeln und 5 Nelken kaufen. Reichen 10 €?

Halbschriftliches Dividieren

1 Setze zuerst die Aufgabenreihen fort. Entscheide dann, mit welcher Aufgabe du beginnst.

a) 660 : 2 = ____
660 : 3 = ____
660 : 4 = ____
660 : __ = ____
____ : __ = ____
____ : __ = ____
____ : __ = ____
____ : __ = ____
____ : __ = ____

b) 125 : 4 = ____
126 : 4 = ____
127 : 4 = ____
____ : 4 = ____
____ : __ = ____
____ : __ = ____
____ : __ = ____
____ : __ = ____
____ : __ = ____

c) 432 : 5 = ____
434 : 5 = ____
436 : 5 = ____
____ : __ = ____
____ : __ = ____
____ : __ = ____
____ : __ = ____
____ : __ = ____
____ : __ = ____

d) 567 : 8 = ____
568 : 8 = ____
569 : 8 = ____
____ : __ = ____
____ : __ = ____
____ : __ = ____
____ : __ = ____
____ : __ = ____
____ : __ = ____

2 Fülle aus.

:	3		9
324		54	
648		108	

3 Notiere 5 dreistellige Zahlen, die

420 : 7 = 60
424 : 7 = 60 R 4

a) beim Teilen durch 7 den Rest 4 ergeben.
_____

b) beim Teilen durch 6 den Rest 3 ergeben.
_____

c) Wie hoch kann der Rest bei der Division durch 8 höchstens sein? ____

d) Kann es beim Teilen durch 3 den Rest 5 geben? ____

4 Immer zwei Aufgaben haben das gleiche Ergebnis. Verbinde.
Nur eine Aufgabe hat keinen Partner. Erfinde eine passende Aufgabe.

432 : 9
399 : 7
369 : 3
495 : 5
208 : 8
594 : 6
144 : 4
171 : 3
336 : 7
130 : 5
246 : 2
981 : 9
288 : 8

Beim Suchen hilft der Überschlag.

Punktrechnung vor Strichrechnung

① Beachte: Punktrechnung geht vor Strichrechnung!

a) 40 · 3 + 720 = _____
   6 · 80 − 81 = _____
   360 − 240 : 6 = _____
   120 + 9 · 70 = _____

b) 7 · 60 + 4 · 30 = _____
   8 · 90 − 5 · 60 = _____
   270 : 3 + 8 · 3 = _____
   9 · 90 − 7 · 4 = _____

c) 6 · 60 − 18 = _____
   1000 − 8 · 70 = _____
   555 + 5 · 50 = _____
   210 : 3 + 330 = _____

114 300 320 342 399 400 420 440 540 750 782 805 840

② Rechne aus. Wie geht es weiter?

a) 2 · 80 + 2 · 40 = _____
   3 · 80 + 3 · 40 = _____
   4 · 80 + 4 · 40 = _____
   __ · __ + __ · __ = _____
   __ · __ + __ · __ = _____

b) 4 · 30 + 180 = _____
   4 · 40 + 140 = _____
   4 · 50 + 100 = _____
   __ · __ + __ = _____
   __ · __ + __ = _____

c) 1000 − 5 · 50 = _____
   1000 − 6 · 60 = _____
   1000 − 7 · 70 = _____
   _____ − __ · __ = _____
   _____ − __ · __ = _____

③ Kreuze die Aufgaben an, deren Ergebnis zwischen 400 und 500 liegt.

750 − 4 · 25   4 · 80 + 4 · 40   7 · 80 − 350   9 · 50 − 27

9 · 70 − 5 · 40   6 · 60 + 90   720 : 9 + 5 · 80   8 · 60 − 630 : 7

④ Was kann sein?

a) Die Klasse 3 a bestellt vier Spielgeräte für insgesamt 88 €.

b) Die Klasse 3 b schafft vier verschiedene Spielgeräte für insgesamt 91 € an.

c) Vier Spielgeräte für zusammen 92 € erhält die Klasse 4 a.

d) Auch die Klasse 4 b gibt 92 € aus, erhält aber fünf Spielgeräte.

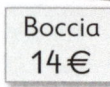
Boccia 14 €

Federballspiel 21 €

Softfußball 19 €

Indiaca-Tennis 26 €

Diabolo 25 €

44

Ungleichungen

① Setze ein: <, > oder =.

a) 297 + 199 ◯ 400
512 + 288 ◯ 800
251 + 148 ◯ 300
303 + 299 ◯ 600

b) 630 ◯ 852 − 250
440 ◯ 794 − 350
275 ◯ 1000 − 725
555 ◯ 999 − 454

② a) 4 · 60 + 150 ◯ 4 · 100
5 · 60 + 75 ◯ 3 · 125
6 · 60 + 120 ◯ 5 · 100

b) 30 · 7 − 140 ◯ 2 · 35
90 · 8 − 360 ◯ 5 · 80
70 · 5 − 150 ◯ 20 · 11

c) 1000 − 250 ◯ 8 · 90
1000 − 690 ◯ 4 · 80
1000 − 850 ◯ 3 · 60

③ Setze jeweils die größtmögliche Zahl ein.

a) 6 · 150 < 1000 − ___
3 · 220 > 500 + ___
5 · 125 < 725 − ___
8 · 120 > 900 + ___

b) 720 : 8 > 240 : ___
380 : 4 < 580 : ___
180 : 2 = 6 · ___
360 : 2 > 80 · ___

c) 280 + 440 > 750 − ___
590 − 250 < 400 − ___
630 − ___ > 230 + 370
740 + ___ < 666 + 222

④ Jonas möchte ein Geschenkband um das Geburtstagspäckchen für seine Schwester so wickeln, wie es die Abbildung zeigt. Für die Schleife möchte er 30 cm übrig haben.

a) Wie lang muss das Band für das abgebildete Päckchen sein? Kreuze an.

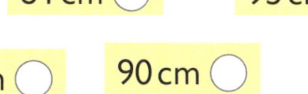

75 cm ◯   81 cm ◯   95 cm ◯
86 cm ◯   90 cm ◯

b) Jonas überlegt: „Wenn ich 30 cm für die Schleife einrechne, würde das Band auch für andere Päckchengrößen reichen."

Notiere Beispiele in der Tabelle.

Länge					
Breite					
Dicke					

Das kann ich schon!

① **a)** Finde alle Teiler von 30, 60, 120.
Schreibe sie geordnet auf. Wie viele sind es jeweils?

alle Teiler													
von 30													
von 60													
von 120													

b) Fülle diese Tabelle aus. Gleiche Zahlen sollen jetzt untereinanderstehen.

alle Teiler													
von 30													
von 60													
von 120													
alle gemeinsamen Teiler von 30, 60, 120													

② **Forscheraufgabe**

20 · 21 minus 1 · 21

19 · 21

$19 \cdot 21 =$
$20 \cdot 20 = 400$
$400 - 1 = 399$

Das kannst du im Kopf rechnen.

| 29 · 31 | 39 · 41 | | | |

a) Rechne wie im Beispiel. Kontrolliere die Ergebnisse mit deinem Rechenweg.
b) Finde und berechne weitere Beispiele.
c) Geht das immer?

Körper/Körpernetze

① a) Welches Netz gehört zu welchem Körper? Verbinde.
b) Färbe gleichlange Kanten in den Netzen in derselben Farbe ein.

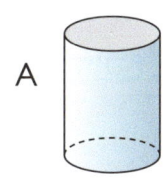 A 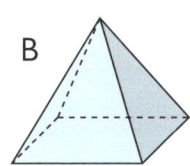 B 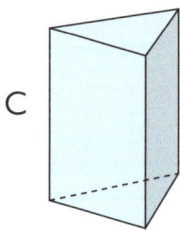 C 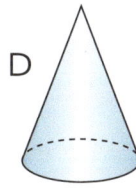 D

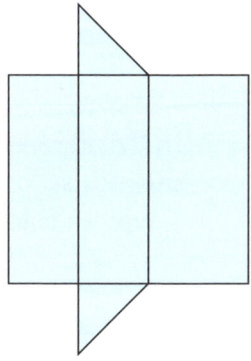  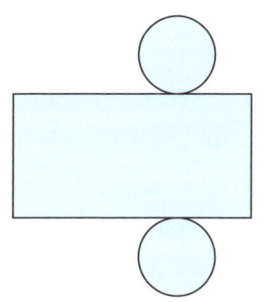 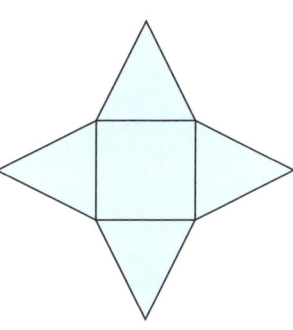

c) Säule oder Spitzkörper? Schreibe auf.

A _____ B _____
C _____ D _____

② Eine Pyramide aus gleichen Dreiecken heißt Tetraeder. Alle Dreiecke sehen so aus wie dieses 12/4/8-Dreieck. Alle Seiten sind gleich lang. Bastle so eine Pyramide.

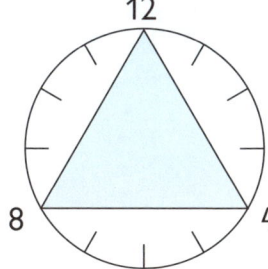 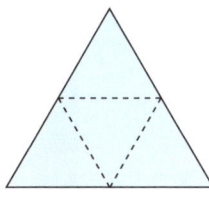 

„Schau her, das ist nicht schwer."

③ Der große Würfel hat die Kantenlänge 4. Er heißt 4·4·4-Würfel.

Aus wie vielen 1·1·1-Würfeln lässt er sich zusammensetzen?

_____

Wie viele 2·2·2-Würfel sind nötig, um ihn zu bauen?

_____

 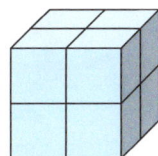 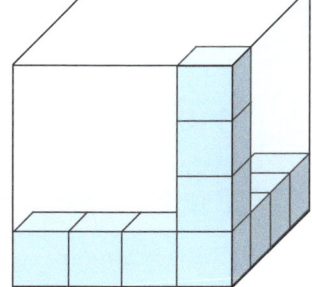

Vergrößern – verkleinern

① Verkleinere im Maßstab 1:3.

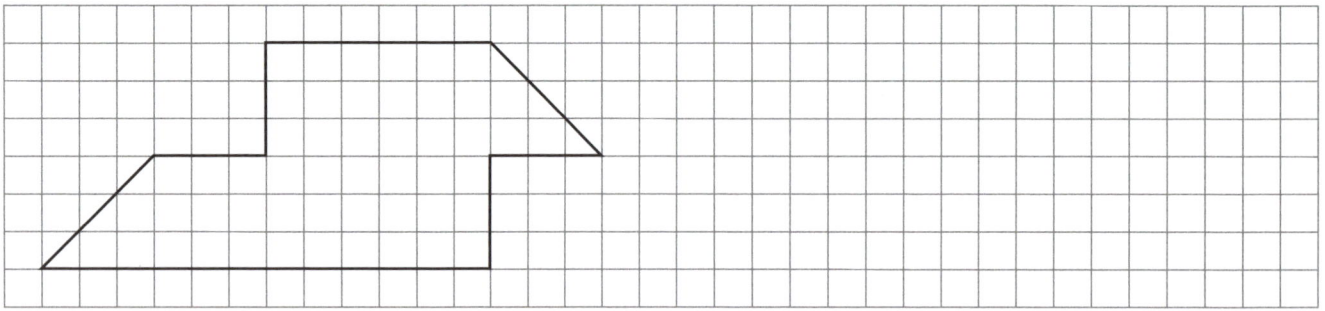

② Anna fotografiert den großen Kastanienbaum auf dem Schulhof. Sie weiß, dass der Baum 8 m hoch ist. Auf dem Foto misst er nur 8 cm.

Welche Zettel gehören zusammen? Male den Zettel mit dem richtigen Maßstab rot an.

☐ Das **Bild** zeigt eine 100-fache Vergrößerung der **Wirklichkeit**.

☐ In **Wirklichkeit** 100-mal so groß wie im **Bild**

☐ Maßstab **100** : **1**

☐ Maßstab **1** : **100**

③ Der KölnTriangel ist ein beeindruckendes modernes Gebäude. Von der Aussichtsplattform in mehr als 100 m Höhe hat man einen großartigen Blick über Köln.

Höhe: 103,20 m
Stockwerke: 29
Stufen: 565

Auf dem Foto ist der KölnTriangel ungefähr 10 cm hoch.

Bestimme den Maßstab. Folge der Anleitung.

10 cm auf dem **Bild** stehen für etwa _____ **m** in der **Wirklichkeit**.

Das Foto zeigt das Gebäude _____.

Vervollständige die Tabelle.

Bild	Wirklichkeit
10 cm	100 m
1 cm	_____ m

1 0 m = _____ cm

Maßstab ⬜ : ⬜

Wenn beide Längen in derselben Einheit angegeben sind, weiß ich den Maßstab.

Räumliche Orientierung

① Suche und kreise ein.

| 2 C Gericht | 3 B Dom | 2 A Börse | 3 D S-Bahnhof |

Trage ein.
In welchem Planquadrat oder in welchen Planquadraten
- liegt der U-Bahnhof Frankfurt am Main Ost (Ffm.-Ost)? ☐
- liegt der Zoologische Garten? ☐
- führt die Flößerbrücke über den Main? ☐
- liegt eine Insel im Main? ☐
- kann man von der U-Bahn in die S-Bahn umsteigen? ☐ ☐

② Der Main ist als breites blaues Band eingezeichnet.
Schreibe auf, welche Planquadrate er nacheinander durchfließt.

| 4 A | ☐ | ☐ | ☐ | ☐ |

③ In welchem Planquadrat ist eine S-Bahn-Linie über den Main gezeichnet? ☐

SB▶98/99 AH▶47 E▶49

Würfelgebäude

1 a) Paula hat mit 20 Würfeln gebaut.
Schreibe die Baupläne für alle Kinder.

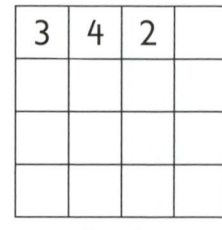

Marco

3	4	2

Paula

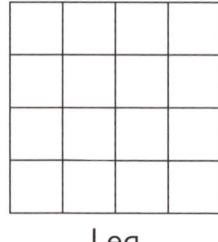

Lea

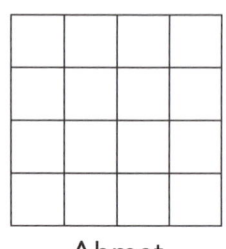

Ahmet

b) Tim hat das Gebäude von oben gesehen gemalt. Dabei ist ihm ein Fehler unterlaufen. Kreise die Stelle ein.

2 Zusammen ein 3·3·3-Würfel

a) Welche Teile gehören zusammen? Verbinde.

b) Überprüfe, indem du für beide Teile die Baupläne schreibst.

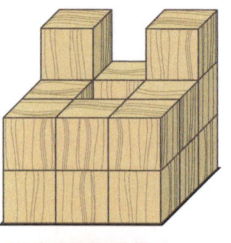

50

Mit Somateilen bauen

① Immer drei Somateile. Baue nach. Färbe zwei Teile ein.

a) 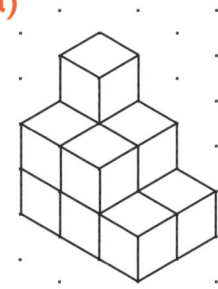   b) 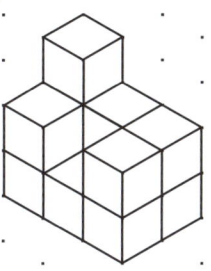   c) 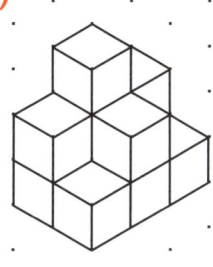   d)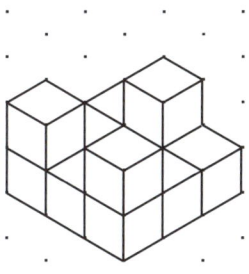

② Zeichne auf dem Punkteraster.

a) Verbinde Punkte zu einem Würfel (1).

b) Zeichne Türme, beginne mit dem obersten Würfel (2).

c) Zeichne Würfelgebäude. Beginne mit einem Würfel, von dem du 3 Flächen sehen kannst. Ergänze zuletzt die sichtbaren Kanten der anderen Würfel.

(1)    (2) 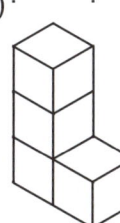   (3)

③ Zeichne alle Somateile.

Stelle die Somateile so auf, wie du sie zeichnen willst.

Das kann ich schon!

① a) Baue solche Quader aus Somateilen.
Finde verschiedene Lösungen. Stelle deine Lösungen durch Anmalen dar.

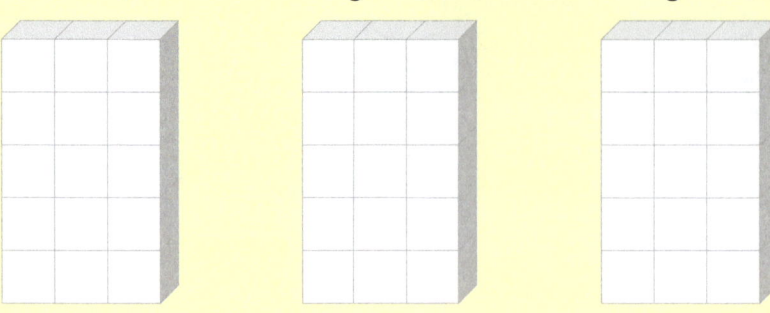

b) Wie viele Somateile hast du benutzt? Was fällt auf? Versuche eine Begründung.
_____
_____
_____

c) Welche Somateile konntest du nicht benutzen? Erkläre.
_____
_____
_____

② a) Baue die Quader nach und färbe das letzte Somateil richtig ein.
b) Male die Rückseite für jeden Quader auf.

③ Baue auch solche Quader aus Somateilen.

a) Wie viele Teile sind jeweils nötig? _____

Welches Teil wird sicher nicht gebraucht? _____

b) Stelle deine Lösungen durch Anmalen dar.

Zeit, Zeitspannen – Stunden, Minuten, Sekunden

① Berechne die fehlenden Angaben zu den Umsteigezeiten und zur Reisedauer in Stunden und Minuten. Trage sie in den Fahrplan ein.

Stuttgart Hbf. → Hannover Hbf.

Ab	Umsteigen	An	Ab	Umsteigezeit	An	Reisedauer
07:51	Mannheim Hbf.	08:28	08:32	4 min	11:56	4 h 5 min
	Kassel-Wilhelmshöhe	10:41	10:55	14 min		
08:04	Frankfurt (M) Hbf.	09:40	09:58		12:17	
08:51	Hildesheim Hbf.	12:32	12:44		13:10	
09:07	Würzburg Hbf.	11:21	11:29		13:32	
09:25					13:17	
09:51	Mannheim Hbf.	10:28	10:32		13:56	
	Kassel-Wilhelmshöhe	12:41	12:56			
10:23	Mannheim Hbf.	11:05	11:16		14:17	
10:51	Hildesheim Hbf.	14:32	14:44		15:10	
11:07	Würzburg Hbf.	13:21	13:29		15:32	
11:25					15:17	
11:51	Mannheim Hbf.	12:28	12:32		15:56	
	Kassel-Wilhelmshöhe	14:41	14:54			
12:04	Frankfurt (M) Hbf.	13:40	13:58		16:17	
12:51	Kassel-Wilhelmshöhe	15:41	15:54		16:54	

② Wahr w oder falsch f ? Trage ein.

Ohne Umsteigen ist man am schnellsten.

Wer später abfährt, kommt auch später an.

Wer zweimal umsteigt, ist nicht immer langsamer.

Es gibt in jeder Stunde gleich viele Reisemöglichkeiten.

Volumina – Liter, Milliliter

① Wie viele Gläser kannst du mit 2 l Saft füllen?
Von jeder Sorte gibt es beliebig viele Gläser.

Fülle stets Gläser mit gleichem Fassungsvermögen.

	100 ml	150 ml	200 ml	250 ml
Anzahl				
Rest in ml				

② Benutze Gläser in vier verschiedenen Größen. Es darf kein Rest bleiben.
Finde viele Möglichkeiten.
Stelle die Ergebnisse wieder in einer Tabelle dar.

0,100 l	0,150 l	0,200 l	0,250 l	zusammen
10	2	1	2	2 l

③

a) Welchen Preis findest du passend? Begründe.
Notiere deine Überlegungen.

_____
_____
_____

b) Lena und Jan möchten frischen Apfelsaft trinken.
Was überlegen die beiden? Schreibe auf.

_____
_____
_____

④ In Klasse 3 b steht Mineralwasser in 1,5-l-Flaschen zur Verfügung.
Die 20 Kinder trinken täglich ungefähr 4 Liter Mineralwasser.

a) Wie viel Mineralwasser trinkt jedes Kind ungefähr pro Schulwoche?

_____

b) Wie viele Flaschen müssen jede Woche eingekauft werden?

_____

Gesund frühstücken

1 Die Kinder der Klasse 3c wollen einen Obstsalat zubereiten.
Er soll für 25 Kinder und die Lehrerin reichen.

a) Berechne, wie viel von jeder Zutat eingekauft werden muss.

b) 1 TL (Teelöffel) Zucker wiegt etwa 5 g.
Reicht ein 500-g-Paket Zucker?

Obstsalat
Zutaten für 4 Personen
3 Bananen
3 Äpfel
1 Birne
1 Orange
Saft von 1 Zitrone
2 TL Zucker

2 Vergleiche diese Angebote. Welches ist jeweils das günstigste?

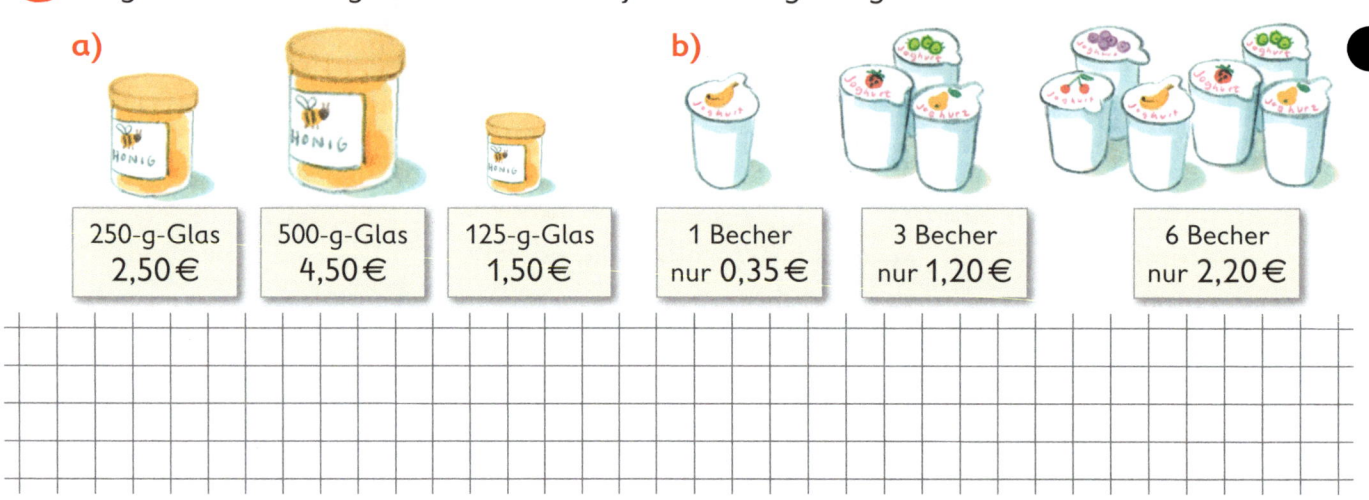

a)
250-g-Glas 2,50 €
500-g-Glas 4,50 €
125-g-Glas 1,50 €

b)
1 Becher nur 0,35 €
3 Becher nur 1,20 €
6 Becher nur 2,20 €

3 Frau Simon braucht 1 l Sahne, 1,5 kg Kartoffeln und 750 g Quark.
Sie achtet darauf, günstig einzukaufen. Sie zahlt mit einem 20-Euro-Schein.

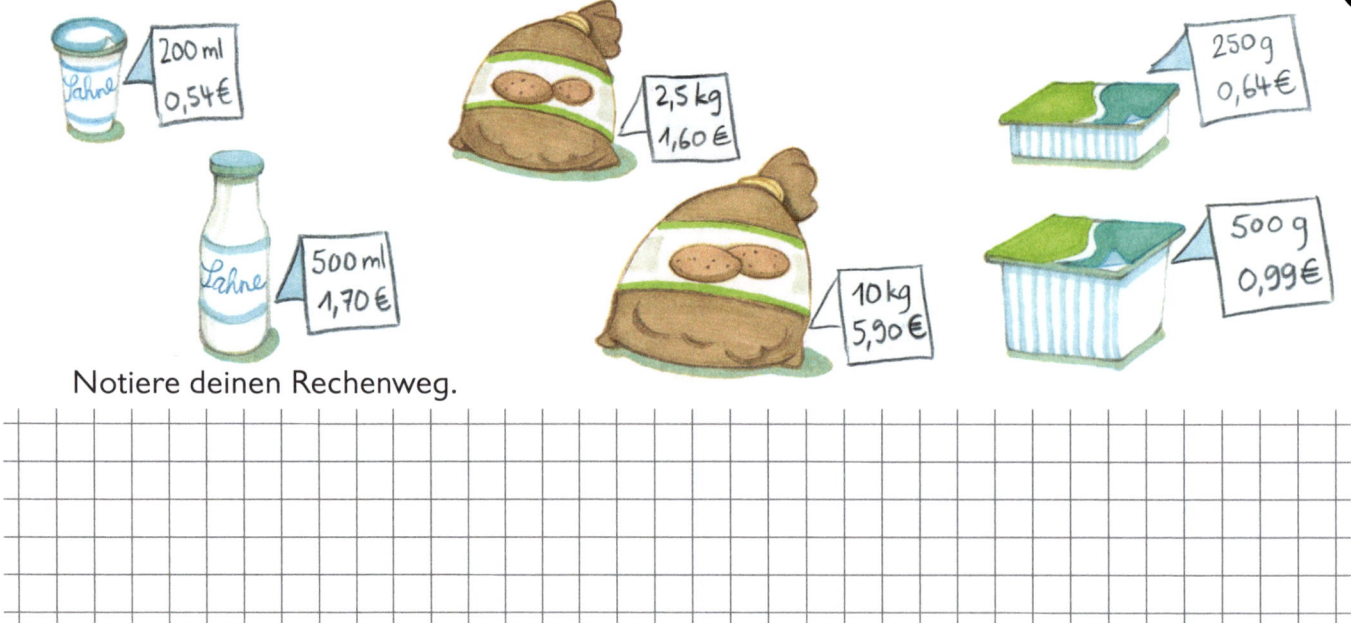

200 ml 0,54 €
500 ml 1,70 €
2,5 kg 1,60 €
10 kg 5,90 €
250 g 0,64 €
500 g 0,99 €

Notiere deinen Rechenweg.

Im Parkhaus

Parkhaus täglich 24 Stunden geöffnet

Parktarif		Sondertarif	
Montag–Freitag 7.00–20.00 Uhr		außerhalb dieser Zeiten sowie an Sonn- und Feiertagen	
Samstag 7.00–18.00 Uhr			
je angefangene Stunde 1.–3. Stunde	1,50 €	je angefangene Stunde	1,00 €
ab 4. Stunde	1,00 €	Tageshöchstbetrag	5,00 €
Tageshöchstbetrag	11,50 €		

① Für Autofahrer, die das Parkhaus regelmäßig nutzen wollen, gibt es besondere Angebote:

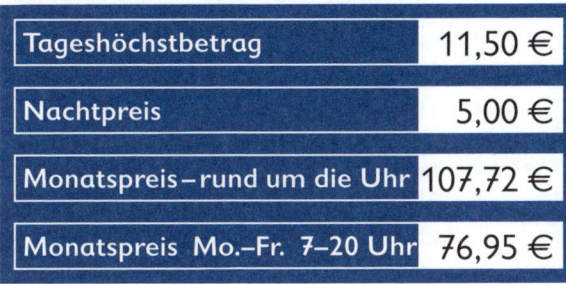

Tageshöchstbetrag	11,50 €
Nachtpreis	5,00 €
Monatspreis – rund um die Uhr	107,72 €
Monatspreis Mo.–Fr. 7–20 Uhr	76,95 €

a) Wie viele Stunden kann man zum Tageshöchstbetrag parken? Wie viele Euro werden durch dieses Angebot eingespart?

_____

b) Wie groß ist der Preisunterschied zwischen dem Monatspreis rund um die Uhr und dem Monatspreis Mo.–Fr. 7–20 Uhr?

_____

c) Lohnt sich der Monatspreis Montag–Freitag 7–20 Uhr nur für Autofahrer, die das Parkhaus in jeder Woche zu dieser Zeit nutzen? Notiere deine Überlegungen.

_____

Tag- und Nachtpreise auf einen Blick

② Frau Jansen zahlt am Kassenautomaten 5,50 €. Wann und wie lange kann sie geparkt haben?

	7	8	9	10	11	12	13	14	15	16	17	18	19	20	21	22	23	24	1	2	3	4	5	6	7	Uhr
Montag														■	■	■	■	■	■	■	■	■	■	■	■	
Dienstag														■	■	■	■	■	■	■	■	■	■	■	■	
Mittwoch														■	■	■	■	■	■	■	■	■	■	■	■	
Donnerstag														■	■	■	■	■	■	■	■	■	■	■	■	
Freitag														■	■	■	■	■	■	■	■	■	■	■	■	
Samstag												■	■	■	■	■	■	■	■	■	■	■	■	■	■	
Sonntag	■	■	■	■	■	■	■	■	■	■	■	■	■	■	■	■	■	■	■	■	■	■	■	■	■	

Markiere in der entsprechenden Farbe. Der Preis ist unmöglich ▮ möglich ▮ sicher ▮

☐ Sie parkte an einem Werktag zwischen 10 und 14 Uhr fast 4 Stunden lang.

☐ Sie hat an einem Werktag ab 19 Uhr geparkt.

☐ Sie hat samstags von 15 bis 19 Uhr geparkt.

☐ Sie hat in einer Zeit, die blau markiert ist, länger als 4 Stunden geparkt.

Ferien

① Die Sommerferien finden in den einzelnen Bundesländern zu verschiedenen Zeiten statt.

a) Berechne für jedes Bundesland die Anzahl der freien Tage.

b) Wenn mehrere Bundesländer gleichzeitig Ferien bekommen, werden Staus durch die vielen Urlauber erwartet.

Zu welchen Terminen sind besonders viele Urlaubsreisende unterwegs? Untersuche Hin- und Rückreisetermine.

c) Kinder, die am Schuljahresende von einem Bundesland in ein anderes umziehen, haben manchmal besonders lange, manchmal auch nur sehr kurze Sommerferien.

Notiere in der Tabelle zwei Beispiele, bei denen die Sommerferien besonders lang werden, und zwei Beispiele, bei denen sie ganz kurz sind. Berechne jeweils die Anzahl der Ferientage.

Bundesland	Sommerferien	Anzahl der freien Tage
Baden-Württemberg	28.07.–10.09.	
Bayern	30.07.–12.09.	
Berlin	20.07.–02.09.	
Brandenburg	21.07.–03.09.	
Bremen	23.06.–03.08.	
Hamburg	21.07.–31.08.	
Hessen	18.07.–26.08.	
Mecklenburg-Vorpommern	25.07.–03.09.	
Niedersachsen	23.06.–03.08.	
Nordrhein-Westfalen	11.07.–23.08.	
Rheinland-Pfalz	18.07.–26.08.	
Saarland	18.07.–27.08.	
Sachsen	27.06.–05.08.	
Sachsen-Anhalt	27.06.–10.08.	
Schleswig-Holstein	25.07.–03.09.	
Thüringen	27.06.–10.08.	

Umzug von … nach …	Ferien vom … bis …	Anzahl der freien Tage

Klassenfahrt

① Wie werden die Zimmer verteilt?
Im Schullandheim Haus Dalbenden gibt es im Haupthaus 63 Betten.
Es sind 2 Zimmer mit je 8 Betten, die anderen Zimmer haben jeweils 3 oder 4 Betten.
3 Einzelzimmer sind für die Lehrerinnen/Lehrer vorgesehen.

a) Wie viele 3-Bett-Zimmer bzw. 4-Bett-Zimmer können es sein?

b) Die Lehrerinnen haben entschieden, dass jede der beiden Klassen eines der Zimmer mit 8 Betten bekommt.
Zu den Klassen 3 a und 3 b gehören jeweils 30 Kinder.
In Klasse 3 a gibt es gleich viele Mädchen und Jungen.
In der Parallelklasse ist die Zahl der Mädchen um zwei größer als die Zahl der Jungen.
Verteile die Kinder beider Klassen auf die Zimmer.

c) Stelle deine Überlegungen und Ergebnis als Tabelle dar.

	Zimmer mit 8 Betten	Zimmer mit 4 Betten	Zimmer mit 3 Betten
Klasse 3 a			
Klasse 3 b			

② Römische Wasserleitung
An vielen Stellen auf dem Weg von der Eifel nach Köln findet man noch heute Teile einer steinernen Wasserleitung. Die Römer haben sie gebaut, um die von ihnen gegründete Stadt Köln mit reichlich frischem Quellwasser zu versorgen. Als hervorragende Baumeister haben es die Römer geschafft, die Röhre so anzulegen, dass sie ein ganz gleichmäßiges Gefälle nach Köln hin hatte. Auf 100 m Strecke hatte sie ein Gefälle von genau 50 cm. Von Urft bis Köln ist die Leitung ziemlich genau 80 km lang.
Niemand weiß bis heute, wie sie das berechnen konnten.

Die Römer konnten gut rechnen.

a) Wie groß ist der Höhenunterschied der Röhre auf 100 m?

b) Berechne den Höhenunterschied auf der Strecke von Urft bis Köln. Benutze die Tabelle.

Das kann ich schon!

① **Schwimmwettkampf**   **50-m-Lauf**

In welcher Reihenfolge waren sie am Ziel?
_____

Am schnellsten war _____

Zeit von Anna: _____ Zeit von Lisa: _____

② Im Schullandheim gibt es 3er-, 4er- und 8er-Zimmer.

a) Welche Aufteilung ist möglich?

b) In der Klasse 3a sind 27 Kinder, 14 Mädchen und 13 Jungen. Sie werden auf verschiedenen Fluren untergebracht. Welche Zimmergrößen könnten ihnen zugeteilt werden, wenn es möglichst wenige freie Betten geben soll?

Schullandheim Haus Dalbenden in Urft Nationalpark Eifel	
Bettenzahl	Schüler: 97 in 20 Schlafräumen Lehrer: 8

③ Am Nachmittag gibt es für jeden eine Kelle Früchtetee aus einem großen Eimer und ein Stück Streuselkuchen.

a) Der Streuselkuchen wird auf Blechen angeliefert, auf denen jeweils 20 Stücke liegen. Wie viele Bleche muss der Bäcker bringen, wenn alle Betten im Schullandheim belegt sind?

b) Wie viele Liter Tee müssen gekocht werden?

125 ml

Aufgaben für Super M-Fans – Rechnen und Spielen

① Mit Zahlenketten hast du schon Erfahrungen gemacht. Schreibe ein Beispiel auf.

② Zahlenkette: Zielzahl 100

Welche Startzahlen sind möglich?

a) Finde eine Lösung.

b) Finde mehrere Lösungen.

c) Ordne deine gefundenen Lösungen. Fällt dir etwas auf? Schreibe es auf.

_____

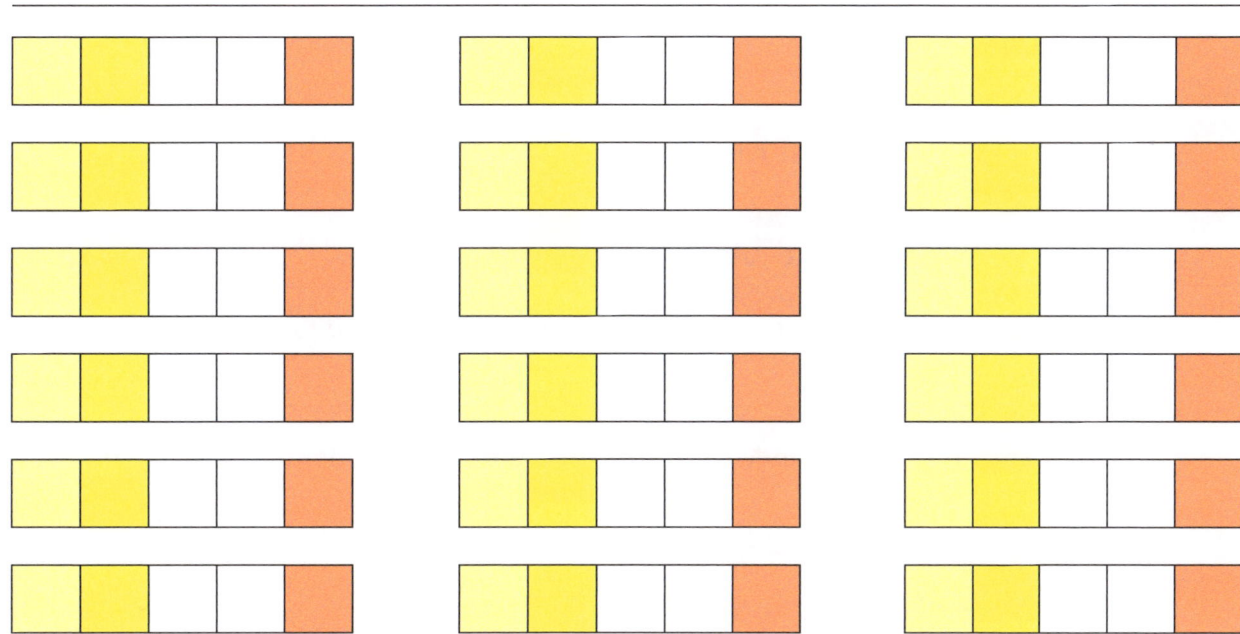

③ Setze aufeinanderfolgende Zahlen so in die Basis einer Zahlenmauer ein, dass sich der Deckstein ergibt.

a)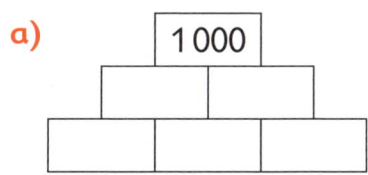

b)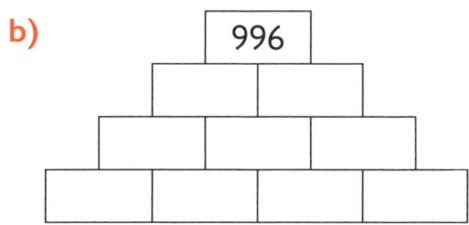

Aufgaben für Super M-Fans – Rechnen und Knobeln

① Du hast alle Ziffernkarten.

Wähle zwei aus und bilde daraus die beiden **TEE**-Zahlen.
Subtrahiere die kleinere von der größeren Zahl.

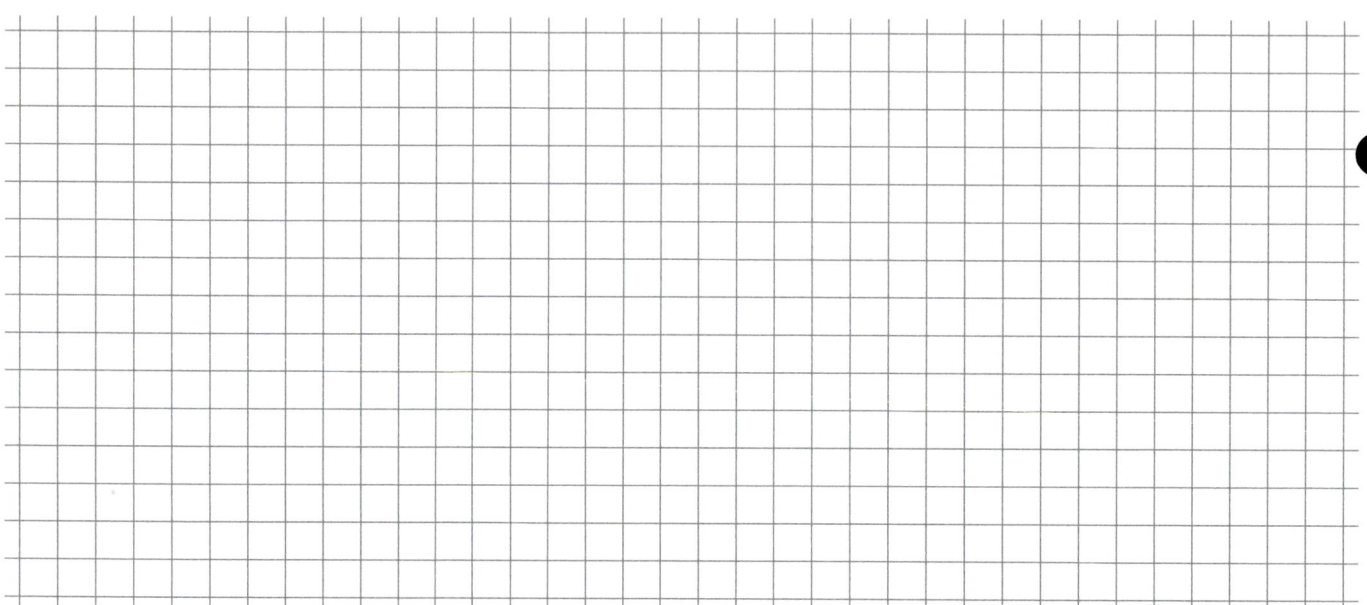

a) Rechne viele **TEE**-Aufgaben. Was fällt dir auf?

_____
_____

b) Vergleiche Aufgaben mit dem gleichen Ergebnis. Findest du Gemeinsamkeiten?

_____

c) Rechne diese Aufgaben. Findest du weitere Aufgaben mit dem gleichen Ergebnis?
Trage sie ein.

```
  4 2 2       5 3 3       6 4 4
- 2 4 4     - 3 5 5     - 4 6 6
---------   ---------   ---------
```

d) Was fällt dir an den Ziffern auf, aus denen diese **TEE**-Zahlen gebildet sind?

_____

e) Findest du eine Regel, die für die Ergebnisse von **TEE**-Aufgaben gilt? Schreibe sie auf.

_____
_____

Aufgaben für Super M-Fans – geometrische Knobeleien

① Eine Figur aus vier zusammenhängenden Quadraten nennen wir Quadratvierling oder TETRAMINO.

a) Finde alle Tetraminos und zeichne sie auf.

b) Stelle alle Tetraminos viermal her.

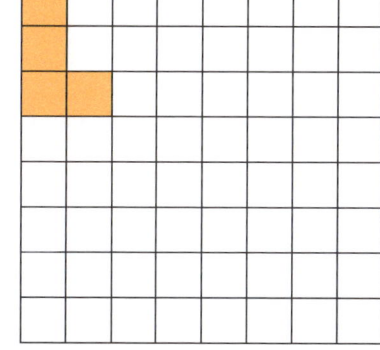
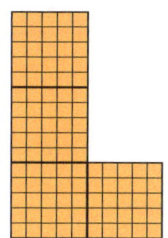

② **Solo – Legespiel mit Vierlingen**
Material: alle Tetraminos vierfach, ein Spielfeld aus 10 · 8 Quadraten.

Lege die Vierlinge so auf das Spielfeld, dass sie es vollständig abdecken. Zeichne deine Lösung ein.

Ich belege das ganze Feld ohne Lücke.

③ Mit den gewinkelten Tetraminos kannst du auch schöne Bandmuster zeichnen.

Setze fort und erfinde eigene Muster aus 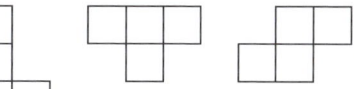.

Zeichne sie in dein Heft.

a)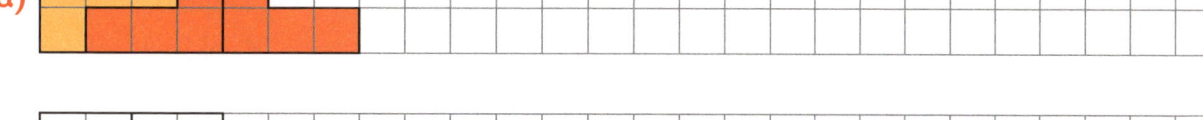

b)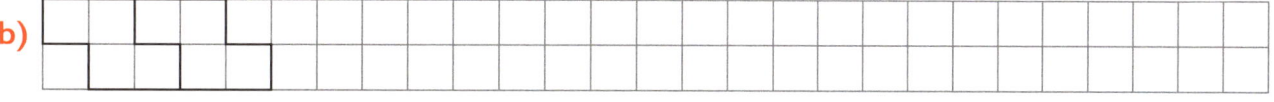

c)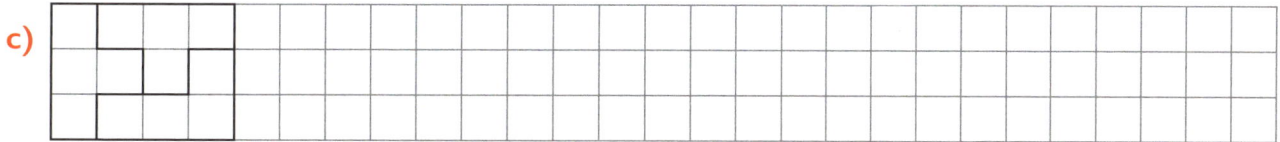

d)

63

Das kann ich jetzt!

① **a)** Erfinde zu jeder Rechenoperation eine Aufgabe, die du spannend, interessant oder schwer findest.

| Addition | Subtraktion | Multiplikation | Division |

b) Welche Rechenoperationen sind Umkehroperationen füreinander?

c) Bei welchen Rechenoperationen gibt es Tauschaufgaben?

② Welche Zahlen meint Lena? Erkläre. Notiere Beispiele, wenn du möchtest.

Wenn ich große Zahlen dividieren muss, weiß ich bei 3 Zahlen sofort, ob ein Rest bleibt.

③ Berechne die Zahlen.

a) Multipliziere die Differenz aus 256 und 36 mit dem Quotienten aus 32 und 8.

b) Das Produkt aus 19 und 8 ist um 448 kleiner als die gesuchte Zahl.

c) Dividiere das Produkt aus 8 und 40 durch den Quotienten aus 40 und 8.

④ Finde heraus, welche Fläche oder welcher Körper beschrieben ist.

a) Die Figur hat genau vier Symmetrieachsen.

b) Zum Netz gehören vier Dreiecke und ein Quadrat.

c) Grund- und Deckfläche sind kreisförmig.

d) Die Figur hat unendlich viele Symmetrieachsen.

64